TEMAS DE DIREITO
DA EDUCAÇÃO

ANTÓNIO PEDRO BARBAS HOMEM
Coordenação

TEMAS DE DIREITO DA EDUCAÇÃO

TEMAS DE DIREITO
DA EDUCAÇÃO

COORDENAÇÃO
ANTÓNIO PEDRO BARBAS HOMEM

EDITOR
EDIÇÕES ALMEDINA, SA
Rua da Estrela, n.º 6
3000-161 Coimbra
Tel.: 239 851 904
Fax: 239 851 901
www.almedina.net
editora@almedina.net

PRÉ-IMPRESSÃO • IMPRESSÃO • ACABAMENTO
G.C. – GRÁFICA DE COIMBRA, LDA.
Palheira – Assafarge
3001-453 Coimbra
producao@graficadecoimbra.pt

Outubro 2006

DEPÓSITO LEGAL
248406/06

Os dados e as opiniões inseridos na presente publicação
são da exclusiva responsabilidade do(s) seu(s) autor(es).

Toda a reprodução desta obra, por fotocópia ou outro qualquer processo,
sem prévia autorização escrita do Editor,
é ilícita e passível de procedimento judicial contra o infractor.

ADRIANO MOREIRA

JOSÉ CARLOS VIEIRA DE ANDRADE

ANTÓNIO PEDRO BARBAS HOMEM

CARLA AMADO GOMES

MÔNICA SIFUENTES

LUÍS PEREIRA COUTINHO

CARLOS EDUARDO BEHRMANN RÁTIS MARTINS

CHARLES J. RUSSO

ACREDITAÇÃO

ADRIANO MOREIRA

Presidente do Conselho Nacional de Avaliação do Ensino Superior
Professor Emérito da Universidade Técnica de Lisboa

Em Novembro de 2001, o CNAVES organizou um Seminário sobre Avaliação e Acreditação, cujos trabalhos constam de um volume editado com esse título e largamente distribuído. Foram intervenientes muitas das pessoas ainda hoje com responsabilidades nos processos em curso relacionados com este tema da acreditação, e lembrarei Marçal Grilo, Alberto Amaral, Meira Soares, Sousa Lobo, Pires de Lima, Pedro Lourtie, Estela Pereira, Vital Moreira, Laborinho Lúcio, Júlio Pedrosa. Trata-se de um documento que convirá não ignorar, sobretudo neste fim de ciclo do regime de avaliação do ensino superior.

Tal referência é necessária tendo em vista o princípio, geralmente aceite, de que não há acreditação sem avaliação, por difícil que seja fixar o conteúdo destas referências.

Considerando a conjuntura de globalização em que nos encontramos, parece indicado recolher o conceito difuso de acreditação que circula na opinião pública, agora transnacional e também progressivamente mundializada.

O facto relevante é que a competição tende para envolver as instituições de ensino, ainda as mais antigas e conservadoras, num ambiente de teologia de mercado, no qual a atracção de estudantes a tender para serem tratados como usuários, a obtenção de fundos para a investigação, a invenção de relacionamentos com o empresariado, são preocupações crescentes da gestão.

Embora as circunstâncias sejam, em relação aos países desenvolvidos, diferentes das que pressionam os países em desenvolvimento, o quadro da oferta e da procura parece ser uma referência geral. Os países em desenvolvimento enfrentam a urgência de fazer aparecer uma oferta de qualidade para a crescente procura, nos países desenvolvidos as instituições lutam por atrair servidores de qualidade e procura suficiente.

No panorama geral os *centros de excelência* avultam na linha de cruzamento de ambas as tendências, e a sua qualificação resulta de um conjunto de referências difusas, não necessariamente originadas em sedes de avaliação, mas nunca desapoiadas por factos, embora de leitura problemática. Os EUA, pelos feitos levados ao conhecimento mundial, pelas consagrações individuais de investigadores e artistas designadamente pela atribuição de Prémios Nobel, pela variedade de oportunidades institucionais oferecidas à diversidade de projectos de vida e de capacidades, encontram-se numa posição cimeira na escala da acreditação da opinião pública mundial.

As atitudes concorrenciais de governos e de grandes espaços agregadores de soberanias confirmam que a acreditação difusa foi encarada pela análise prospectiva dos seus observatórios, e a acção programada a caminho das excelências recebe esse impulso, quando as gestões políticas e da sociedade civil estão atentas à urgência de se dotarem de planos estratégicos de intervenção.

No espaço ocidental, a competição, também frequentemente difusa e mal assumida, entre os países da União Europeia e os EUA, tem presença na questão da acreditação, agora racionalizada porque estamos na área das soberanias. É aconselhável relacionar a Declaração de Lisboa (2000) que orienta para a criação de um espaço económico europeu com superioridade competitiva em relação aos EUA, e a Declaração de Bolonha (1999) que orienta para a criação de uma área europeia do ensino superior.

Não obstante a suspensão da projectada Constituição Europeia, que representaria um avanço normativo no domínio do poder político em gestação, os referidos dois paradigmas apontam para uma concepção de Estado unitário, que tende inevitavelmente para envolver os trajectos contratualizados do processo em curso. Que o paradigma do mercado está a ganhar presença teve evidência recente quando o número da revista *The Economist*, de Setembro de 2005, titulou o seu interesse pela matéria usando a expressão *The brains business*, sublinhou a debilidade do projecto europeu de se tornar o centro mundial de uma economia apoiada no conhecimento, e concluiu que "*a more market-oriented system of higher education can do much better than the state dominated model*".

Este pressuposto anima a inquieta leitura que alguns fazem da Declaração de Bolonha no sentido de que iniciou o risco do combate à diversidade, avançando para a mercadorização (*commodization*), contrariando a orientação que defende a preservação da diversidade, não apenas nacional, mas das instituições, esperando de cada uma delas uma afirmação de projectos e de objectivos, condicionantes da organização e estrutura que adoptem, com avaliação segura das suas condições objectivas de funcionamento.

A passagem da acreditação difusa para a avaliação orientada e subordinada a metodologias a cargo de organizações responsáveis, tem como pressuposto que sem avaliação não é possível uma acreditação, e que a definição da metodologia disciplinada exige opções, admite incertezas, e um paradigma de confiança entre as instituições e a sociedade cuja consistência exige justamente o exercício de acreditação e de avaliação. É evidente que a acelerada mudança da estrutura da comunidade internacional, que desvalorizou as fronteiras físicas, que desenvolveu a sociedade civil transnacional, que instalou uma teologia de mercado global, também acrescentou a internacionalização à temática da avaliação e da acreditação.

Esta última dimensão tem uma incidência destacada no caso de Bolonha, porque o patamar imediato dessa variável é limitadamente a *europeização* em confronto com a mundializada intervenção dos EUA.

Esta tendência estruturante de um espaço europeu competitivo, enquadrado por uma superestrutura política que avança indefinida entre a atracção do modelo final da federação política e a consolidação da união de identidades nacionais preservadas, teve entre nós uma resposta que assume a competição, mas procura salvaguardar a identidade, para isso colocar o acento tónico na qualidade (*quality assurance*), e confiar na autenticidade das instituições para modelar todo o sistema com base na contratualização, fazer com que seja capaz de incentivar a excelência, de modo a que a cultura do ensino se traduza no progresso da qualidade dos quadros, habilitando os países com os recursos humanos que são o principal dos investimentos. Nesta orientação se desenvolveu o modelo português de avaliação, cujo elemento essencial é a *autoavaliação*, daqui partindo todo o processo que inclui a intervenção das comissões externas de avaliação, a contradita, o relatório por cursos, e o relatório síntese final.

Não sendo aqui necessário descrever mais detalhadamente o processo, é evidente que logo se levantam as questões da acreditação, que tem de ultrapassar o modelo da acreditação difusa, vista a rede de dependências políticas que envolvem todo o sistema e os seus procedimentos.

Talvez a primeira das dependências a considerar seja o da relação da instituição de ensino com o instituidor, e os limites das autonomias pelas dependências. Esta questão é sobretudo exigente pelo facto da multiplicação da espécie de instituidores e de modelos, tudo pressupondo que a exigência de excelência é igual para todos os subsistemas, como acontece com o modelo de avaliação português.

Trata-se de uma acreditação prévia, exclusivamente governamental no sistema português, que tem de considerar o respeito pelo direito de ensinar e aprender, mas que ainda não chegou à exigência de um conceito estratégico apresentado pelos instituidores, com indicação prospectiva dos recursos humanos e financeiros, da sustentabilidade a médio e longo prazo, da especificidade do conceito orientador, da relação, se alguma, entre a função de ensinar e a investigação, da dinâmica social em que se inscreve.

Esta orientação, mal recolhida no ordenamento vigente, não tem que ver com estatismo, tem que ver com a responsabilidade que o Estado assume ao arrogar-se definir uma intervenção da qual depende não apenas a acreditação difusa que referimos, como também parece indispensável para dar referências à escolha informada dos estudantes, que nesse acto assumem um risco de futuro. Admitimos que a actual projectada avaliação externa do sistema português venha a evidenciar a necessidade de correcções de disfunções instaladas por deficiente regulação dos vários subsistemas.

Esta consequência decorre dos critérios e métodos que venham a ser adoptados para a acreditação, isto é, para o sistema de garantia externa de qualidade, com grande tradição nos EUA, e ali feita com base voluntária e eminentemente privada e não governamental. A sua principal instituição é o *Council for Higher Education Accreditation*, privado, dispondo de sessenta *boards* espalhados pelo território, e promovendo a acreditação a nível nacional.

Em Portugal tal acreditação, tendo por elemento fundamental orientador as avaliações, certamente nem virá a ser privada, nem com ela devem confundir-se exercícios de base jornalística, ou até bloguista como já aflorou, mas orientar-se-á para uma *agência* oficial mas de carácter independente, autónoma, reconhecidamente isenta e credível, o que exige contenção governamental.

O objectivo recordado da formação de um espaço europeu de ensino, o tema da acreditação, pilar da internacionalização, obrigará as várias instituições, e os organismos de coordenação responsáveis, a articular os sistemas de acreditação nacional pelo método dos acordos, sustentando um diálogo permanente apoiado em base de dados, e desenvolvendo "sistemas de *bench-marking* e boas práticas" de acesso generalizado.

Vai ser necessário e urgente decidir sobre se alguma instituição internacional deverá ter a competência de estabelecer um *ranking* com o risco de instaurar novos Caminhos de Santiago marginalizantes, ou se o risco suportável é o de ter alguma regulação de intervenções privadas, elas próprias credíveis.

A avaliação incidente sobre cursos, que tem sido o modelo português, entendeu o CNAVES que está esgotada, entre mais razões porque é extremamente fatigante para as instituições, de algum modo limita a sua mobilidade estratégica, que em todo o caso é maior no subsistema público do que no privado. A proposta foi no sentido de evolucionar para um *modelo da avaliação de áreas científicas relacionadas com unidades funcionais,* tendo por evidente a complexidade da definição dessas unidades, e por seguro que se deveria começar pelas áreas mais incidentes na competitividade que foi assumida como objectivo principal nos programas de governo.

É possível que o movimento unificador indiciado pela articulação da almejada superioridade económica europeia com um espaço europeu de ensino, processo conduzido pelo método furtivo que tem sido frequente no seio da União, implique derivas estatizantes, tendências para um sistema europeu de acreditação, efeitos colaterais de formatação uniformizadora e de marginalização, até fazendo eventualmente da europeização o conceito esgotante da internacionalização. A redefinição do sistema de avaliação que está em curso deverá certamente indicar as opções e resguardos do conceito estratégico que adoptar.

Farei ainda um comentário sobre um dos aspectos da acreditação, que é respeitante às Ordens. Estas são organizações que exercem um poder delegado pelo Estado, e o seu objecto e responsabilidade principais foram sempre a vigilância da observância da ética, cuidando das regras da arte que não podem ser violadas por dependências externas dos profissionais, ainda quando estes não exercem em regime de profissão liberal.

Vários factores têm convergido no sentido de perturbar aquela vinculação original, definida quando as Ordens eram poucas – Advogados,

Médicos, Arquitectos, Engenheiros –, aristocratizantes e assumidamente elitistas, abrangentes de um número reduzido de profissionais, com acentuada valorização da imagem das personalidades envolvidas e reconhecidas pela comunidade nacional.

Este destaque não se perdeu, mas é visível que a multiplicação das Ordens, a massificação da oferta repetitiva de formações, a falta de um regime de acreditação baseado num conceito estratégico regulado e verificado das instituições que formam, a deriva semântica que alargou o uso das denominações clássicas em termos de atender à sua ressonância elitista sem identificação rigorosa dos conteúdos, deu origem a uma divergência preocupante: o conceito profissional das Ordens não coincide necessariamente com os conceitos das várias instituições de ensino, e ainda que partam de um conceito histórico comum não é seguro que as evoluções sejam coincidentes, e, mesmo quando os conceitos operacionais coincidam, acontece que as Ordens detectam divergência entre a programação do ensino e as competências que deviam ter sido transmitidas aos diplomados candidatos à inscrição. Finalmente, seria incompleto omitir que a questão do mercado de trabalho, que tem induzido derivas sindicais em várias funções do Estado, também por vezes parece aflorar nesta questão.

Para tentar sintetizar este sério problema, lembraríamos que – *"um grau ou diploma de ensino superior expressa um conjunto de conhecimentos, competências e capacidade, tendo como função essencial dar a conhecer à sociedade que o seu detentor possui, no mínimo, todos eles"*.

Não parece desejável que continui a progredir uma divergência entre acreditação académica e acreditação profissional, com a primeira obscurecida pelo abuso semântico das titulações ou falta do conceito estratégico controlado das instituições de ensino, e a segunda tentada a ultrapassar o poder delegado em que se apoia para defender a identidade institucional.

A regulação é urgente, designadamente porque está em causa um dos aspectos essenciais da europeização, que é a livre circulação dos profissionais, apenas possível sem equívocos sobre a certificação das competências.

Ficam aqui referidos apenas alguns dos temas que fazem parte do legado do sistema de avaliação e acreditação português, cujos responsáveis consideram o modelo esgotado. Mas não consideram dispensáveis nem a experiência, nem os princípios, nem as recomendações, nem a memória das centenas de professores que se empenharam na tarefa de reinventar pelo menos uma parte do futuro.

O PAPEL DO ENSINO PRIVADO
NA ACTUAL CONSTITUIÇÃO PORTUGUESA

VIEIRA DE ANDRADE

1. A liberdade de ensino como direito fundamental

As liberdades de aprender e de ensinar foram consagradas como liberdades fundamentais logo no texto originário da Constituição de 1976. A sua inserção no capítulo dos direitos, liberdades e garantias, com a inerente sujeição ao regime específico destes direitos (artigos 17.º e 18.º) não deixa a este propósito quaisquer dúvidas.

A evolução das normas constitucionais neste domínio – na sequência das revisões constitucionais de 1982, 1989 e 1997 – processou-se sempre inequivocamente no sentido do fortalecimento das liberdades, designadamente no que toca à afirmação do direito de criação de escolas particulares e à autonomia destas perante o Estado[1].

Em síntese, a Constituição garante hoje a liberdade de aprender e de ensinar (artigo 43.º, n.º 1) e o direito de criação de escolas particulares e cooperativas (artigo 43.º, n.º 4), deferindo ao Estado o poder de reconhe-

---

[1] Na realidade, foram *retiradas* da Constituição expressões normativas que diminuíam o valor do ensino privado ("supletivo do ensino público") e funcionalizavam a uma perspectiva ideológica todo o ensino (devia ser modificado pelo Estado "de modo a superar a sua função conservadora da divisão social do trabalho") e a educação em geral (deveria contribuir para "o desenvolvimento da personalidade e para o progresso da sociedade democrática e socialista"). E, por sua vez, foram *acrescentadas*, além do direito de criação de escolas particulares, o dever do Estado de "reconhecer" o ensino privado.

cer e fiscalizar o ensino particular e cooperativo, nos termos da lei (artigo 75.°, n.° 2).

Para além disso, atribui aos pais o direito e o dever de educação dos filhos (artigo 36.°, n.° 5); reconhece que todos têm direito à educação e à cultura (artigo 73.°, n.° 1) e direito ao ensino, com garantia da igualdade de oportunidades de acesso e êxito escolar (n.° 1 do artigo 74.°), incumbindo o Estado do dever de criar uma rede de estabelecimentos públicos de ensino que cubra as necessidades de toda a população (artigo 75.°, n.° 2), e de promover a democratização da educação (n.° 2 do artigo 73.°)[2].

Em termos gerais, pode dizer-se que a liberdade de ensinar e de aprender constitui uma das projecções de uma liberdade mais ampla, a liberdade de educação, enquanto liberdade de escolher e determinar um projecto ou um processo educativo, seja na escola ou fora dela[3].

Aqui interessa-nos especificamente a liberdade de educação na sua projecção no ensino, enquanto liberdade que se realiza na escola e através da escola, a qual, enquanto organização complexa – humana (professores, alunos), material e espiritual (espaço de investigação, criação, transmissão de ciência e cultura, e de difusão e transmissão de ideias) – constitui o suporte jurídico-institucional indispensável ao exercício efectivo da liberdade de ensinar e de aprender.

1.1. A liberdade de ensino, como é típico dos direitos fundamentais, desdobra-se em diversas faculdades, cada uma delas com um conteúdo específico e autónomo, que constituem, assim, vários direitos ou liberdades.

Sinteticamente, tendo em conta o enquadramento normativo acima referido, pode dizer-se que a liberdade de ensino, para além de incluir

---

[2] A Constituição oferece-nos nesta matéria um quadro normativo com diferente densidade e estrutura: por um lado, temos normas atributivas de direitos de liberdade, a que associam garantias institucionais; por outro lado, temos normas atributivas de direitos, económicos, sociais e culturais, relacionados com a existência de normas impositivas de obrigações e tarefas estaduais. Como decorre da sua inserção sistemática no texto constitucional, a liberdade de ensino e o direito de criação de escolas particulares pertencem ao primeiro género de direitos, isto é, aos direitos, liberdades e garantias (pessoais).

[3] É neste sentido que a Constituição defere aos pais o direito e o dever de educação dos filhos (artigo 36.°, n.° 5), e a lei civil lhes continua a reconhecer o poder de dirigir a sua educação (artigo 1878.°, n.° 1 do Código Civil).

naturalmente o *direito de acesso à escola* (a qualquer escola), implica a *liberdade de escolha da escola*, seja da escola mais adequada ao projecto educativo que se pretenda ou que os pais pretendam para os filhos menores (escolha da escola que julguem mais adequada à sua educação ou formação intelectual, cultural, cívica, moral, religiosa, etc.), seja da escola que, na perspectiva da pessoa, propicie a formação científica e profissional que se pretende (que se projecta na liberdade de escolha de curso ou de área científica); e compreende ainda as *liberdades na escola* (em especial, as liberdades de professores e alunos na escola, associadas à autonomia do estabelecimento).

Por outro lado, as liberdades de ensino não valem apenas relativamente às escolas públicas: hão-de valer também para as *escolas privadas*, cujo *direito de criação* foi entretanto autonomizado no texto constitucional.

E é justamente nessa dimensão que vamos a partir de agora encará-las.

Todos estes direitos e faculdades constituem liberdades e valem, em primeiro lugar, na sua dimensão primária de direitos negativos, isto é, de direitos perante o Estado, impondo-lhe um dever de abstenção ou de não intromissão no seu exercício. Ou seja, o Estado deve, desde logo, abster-se de colocar obstáculos políticos e jurídicos ao seu exercício.

Mas não se esgota nisso: o Estado deve intervir positivamente, de forma a possibilitar e a regular o exercício daquelas liberdades, designadamente, dando cumprimento ao imperativo constitucional de *reconhecimento* e de *fiscalização* do ensino particular e cooperativo, *nos termos da lei*.

A Constituição, ao garantir não só a existência, mas também o *reconhecimento* do ensino particular, impõe ao Estado o dever de criar e garantir as condições de exercício da liberdade de ensino, enquanto liberdade de criação de escolas e liberdade de gestão e manutenção das escolas, possibilitando assim uma maior liberdade de escolha, pelos alunos ou pelos pais, de projectos educativos alternativos e diferentes.

Significa isto que a Constituição rodeia a liberdade de ensino de garantias institucionais, devendo o Estado assegurar o seu exercício, através de uma adequada regulamentação do *procedimento de criação*, bem como fornecer o *quadro normativo básico* da sua organização e funcionamento, ponderando os diferentes interesses e valores, particulares e públicos, que confluem na escola: a liberdade de escolha do projecto educativo da escola; a garantia da liberdade dos professores e alunos; a liberdade de investigação; a garantia da qualidade de ensino; a salvaguarda dos valores pedagógicos; e, em geral, a preservação e promoção da dignidade do ensino e da educação e a promoção dos valores cívicos e culturais em que se move o projecto educativo[4].

A intervenção do Estado neste domínio, *necessariamente pela via legislativa*, revela-se aqui particularmente importante na medida em que ordena, protege, promove e harmoniza o exercício das liberdades[5].

É certo que a Constituição fornece aqui um mandato genérico ao legislador, remetendo para a autonomia legislativa a definição concreta do estatuto do ensino particular, seja quanto ao reconhecimento, seja quanto à fiscalização – *"nos termos da lei"*, diz-se no n.º 2 do artigo 75.º.

Contudo, este poder de regulação não pode ser entendido como se a Constituição fizesse uma remissão em branco para uma conformação político-legislativa do ensino privado, e deve, no domínio material em causa – na medida em que se trata de matéria de direitos, liberdades e garantias, e não apenas de direitos sociais –, mover-se dentro dos limites constitucionalmente estabelecidos no âmbito do regime próprio daqueles direitos fundamentais[6].

Por um lado, o legislador está vinculado a um fim principal: garantir o exercício da liberdade de ensino, nas diversas dimensões já referidas – e o seu poder de regulação tem de mover-se no âmbito da interpretação (constitucional) dos preceitos normativos relativos à liberdade de educação e, em particular, da liberdade de ensino.

---

[4] Sem esquecer que "o Estado não pode programar a educação e a cultura segundo quaisquer directrizes filosóficas, estéticas, políticas, ideológicas ou religiosas" (artigo 43.º, n.º 2, da Constituição).

[5] Sobre as diferentes funções ou fins da intervenção legislativa em matéria de direitos fundamentais, incluindo através da configuração das garantias institucionais, vide VIEIRA DE ANDRADE, *Os Direitos Fundamentais na Constituição Portuguesa de 1976*, 2.ª ed., Coimbra, 2001, p. 138-141, e 212 e segs.

[6] A legislação ordinária tem, de resto, reafirmado esta intenção constitucional: por exemplo, a Lei 9/79 (Lei de Bases do Ensino Particular e Cooperativo) determina que "ao Estado incumbe criar condições (...) que permitam a igualdade de oportunidades no exercício da livre escolha entre pluralidade de opções de vias educativas e de condições de ensino". Também o Decreto-lei n.º 553/80 (que aprova o Estatuto do Ensino Particular e Cooperativo) obriga o Estado ao "apoio às famílias" e consagra as liberdades de aprender e de ensinar, como *regra*, "só limitadas pelo bem comum, pelas finalidades gerais da acção educativa e por acordos entre o Estado e estabelecimentos privados".

Por outro lado, tem de respeitar o regime específico dos direitos, liberdades e garantias.

Assim, qualquer intervenção legislativa que condicione ou restrinja o conteúdo da liberdade de ensino há-de ser constitucionalmente justificada pela *necessidade* de proteger outros direitos ou valores comunitários de dignidade constitucional. Para além disso, uma tal intervenção tem de ser adequada e proporcionada, não pode afectar o conteúdo essencial do direito e deve revestir sempre um carácter geral e abstracto, não podendo ter efeitos retroactivos (artigo 18.º, n.ºs 2 e 3).

Por fim, a intervenção legislativa, sobretudo na medida em que está sujeita a reserva parlamentar[7], tem de cumprir um imperativo constitucional de *densificação normativa*, estando proibida de deixar à Administração espaços discricionários relevantes. A garantia da legalidade ínsita na reserva legislativa manifesta-se no *poder* de legislar, mas também no *dever* de legislar, determinando a lei os termos do reconhecimento e da fiscalização estadual do ensino particular.

Nessa medida, à Administração há-de competir apenas uma função predominantemente executiva da lei, e onde esta se revelar porosa (ou mesmo lacunosa), nem por isso a Administração pode reivindicar um espaço próprio de avaliação ou de decisão: não deixa de estar directamente vinculada à Constituição, designadamente aos próprios preceitos que consagram os direitos, liberdades e garantias, que são directamente aplicáveis, e está sujeita a um *controlo judicial total* na aplicação que faça das normas legais, cujos conceitos imprecisos não podem ser considerados como conceitos concessores de discricionariedade[8].

1.2. Assim, pode afirmar-se, de forma esquemática, que, relativamente ao ensino particular (é só deste que aqui cuidamos), o legislador, sob pena de desfiguração ou descaracterização da liberdade de ensino e do núcleo essencial da sua garantia constitucional, deve, na sua intervenção normativa:

a) estabelecer procedimentos administrativos adequados à criação de escolas particulares, em termos de os actos administrativos

---

[7] Que é, em princípio, relativa (artigo 165.º, n.º 1, al. b)), mas que é absoluta quanto às bases do sistema de ensino (artigo 164.º, alínea i) da Constituição).

[8] Sobre a matéria, v. o que dizemos em *Os direitos fundamentais..., cit.*, p. 338 e ss.

de autorização terem um carácter meramente permissivo, pois que trata apenas de permitir o exercício de um direito (fundamental) preexistente;

b) garantir a liberdade de criação de um projecto educativo, que se projecta ou concretiza na adopção de um programa com uma orientação científica (por exemplo, áreas científicas diferentes das do ensino público), e com métodos pedagógicos e didácticos próprios[9] – não é legítimo, num sistema constitucional de protecção das liberdades de ensino (e no ensino), que se instituam regimes ou atitudes que conduzem a uma equiparação compulsiva entre o ensino público e o ensino particular;

c) garantir a liberdade na escola, isto é, garantir a liberdade de gestão da escola, no sentido mais amplo do termo.

Esta última garantia é inseparável das anteriores, na medida em que a liberdade de criação de escolas e a liberdade de definição de um projecto educativo implica um direito fundamental à gestão da escola e deste projecto. Ou seja, a liberdade de ensino implica necessariamente o reconhecimento de autonomia de gestão organizativa, funcional, didáctica e pedagógica, devendo o Estado abster-se da prática de qualquer acto de conteúdo genérico ou individual que atente contra esta autonomia ou perturbe a normal gestão e programação das actividades escolares.

Naturalmente que esta autonomia de programação e gestão das actividades escolares envolve (ou pressupõe mesmo) o poder de gestão de recursos humanos e económico-financeiros. No âmbito da gestão de recursos humanos sobressai a escolha do pessoal docente, que cabe por inteiro às escolas, sendo constitucionalmente inadmissível a existência (ou a prática) de qualquer sistema que, a pretexto de eventuais financiamentos

---

[9] É justamente a existência de um ideário educativo que potencia a capacidade de inovação pedagógica e facilita a abertura da escola a novos conteúdos educativos. Por isso, deve ter-se por constitucionalmente ilegítimo um qualquer regime que condicione a autorização de criação de estabelecimentos particulares ou a autorização de funcionamento de cursos ou áreas do saber às pautas do ensino público, ou que vincule o ensino particular a critérios de igualdade absoluta e indiscriminada ao ensino público em matéria de programas, métodos pedagógicos, adopção de livros, regime de horários, equipamentos, disciplinas, realização de exames, etc., sob pena de se cair num sistema de planificação centralizada.

públicos, imponha às escolas a contratação de docentes escolhidos pela Administração[10].

1.3. Em traços gerais, são estes os diversos segmentos da liberdade de ensino privado que o legislador tem de respeitar, devendo, além disso, como já se referiu, promover e proteger as diversas irradiações desta liberdade[11].

Por sua vez, quaisquer limitações devem comprovar-se necessárias à salvaguarda de outros direitos, interesses ou valores constitucionais, sem afectar o núcleo essencial das mencionadas dimensões da liberdade de ensino – isto é, devem obedecer sempre às regras constitucionais de justificação e aos limites previstos no artigo 18.º da Constituição.

2. A qualificação da actividade das escolas privadas em regime de autonomia ou de paralelismo pedagógico – a natureza privada da actividade de ensino reconhecida

Do contexto constitucional acima referido e da respectiva evolução decorre indubitavelmente que o Estado não tem o monopólio do ensino, mas decorre ainda, em nossa opinião, que o ensino nas escolas privadas não é o exercício de uma *actividade pública delegada*, mas de uma *actividade privada concorrente* com o ensino público.

É dizer que a Constituição portuguesa consagra um modelo de "escola privada autorizada" e não um modelo de "escola pública delegada"[12].

---

[10] Aliás, tal possibilidade (assim como outras) encontraria também limites decorrentes da protecção concedida pela garantia institucional da autonomia privada.

[11] Para além das referidas, existem outras liberdades na escola, como a liberdade dos professores (que são titulares da liberdade de investigação ou, em termos mais amplos, da liberdade de cátedra); a liberdade dos alunos (liberdade de apreender criticamente os conteúdos educativos); e, ao contrário do que sucede com o ensino público, a liberdade de orientação filosófica, ideológica, religiosa, estética, etc.

[12] A dúvida estaria entre estes dois modelos intermédios, já que é óbvio que a CRP não consagra nenhum dos modelos extremos: nem o modelo do "monopólio estadual", nem o modelo da "escola privada livre". Sobre os vários modelos, v. PLÜMER, *Verfassungsrechtliche Grundlagen und und Rechtsnatur der Privatschulverhältnisse*, 1970, p. 58 e ss.

A relevância desta opção entre os modelos está em que, neste último, o ensino privado seria, afinal, uma actividade pública *concessionada* aos privados – uma actividade própria do Estado, mas que este poderia e deveria admitir os particulares a realizar –, enquanto no primeiro é uma actividade *livre*, própria dos privados, embora sujeita a uma *autorização* estadual para verificação da qualidade do ensino e dos interesses públicos inerentes.

O modelo *pluralista* da escola privada autorizada parece ser o que está mais de acordo com uma concepção constitucional actualizada, que, como vimos, deixou de ver o ensino privado como "supletivo do ensino público" e, pelo contrário, obriga o Estado a "reconhecer" o ensino privado, que é qualificado como exercício de um direito fundamental, na dupla dimensão substancial (liberdade de ensino) e organizativa (direito de criação de escolas).

2.1. Poderá, no entanto, levantar-se uma dúvida: as considerações feitas sobre o ensino privado valem quanto ao ensino em si, enquanto actividade de formação e de comunicação de conhecimentos, mas já não valeriam quanto ao ensino privado *oficializado*, isto é, aquele que as escolas privadas desenvolvam num regime que lhes permita atribuir graus e títulos oficialmente válidos.

Partindo da distinção entre o "sistema de ensino" e o "sistema de habilitações", poderia concluir-se que seria pública a actuação das escolas particulares integradas na rede escolar oficial ou, pelo menos, teria de ser de direito público o poder de realização de avaliações conducentes à atribuição de graus ou títulos académicos[13].

Não nos parece, porém, que essa seja uma distinção decisiva para a caracterização do ensino privado em Portugal.

Por um lado, se é certo que não cabe ao sistema de ensino, seja público ou privado, definir as habilitações necessárias para o exercício de uma profissão ou actividade – essa é uma tarefa própria do Estado, enquanto *legislador* – isso não implica que não caiba e não deva caber ao

---

[13] Não ignoramos que esta é a posição que tem predominado na (escassa) doutrina e jurisprudência portuguesas na matéria – v., além de GOMES CANOTILHO/VITAL MOREIRA, Constituição Anotada, 1993, p. 371, o Parecer n.º 11/85 do Conselho Consultivo da PGR, o Acórdão do STA de 30/11/93 (P. 31602), e Carla Amado Gomes, *Três estudos de direito da educação*, 2002.

sistema de ensino a verificação constitutiva e a certificação dessas habilitações, no respeito pelas definições legais[14].

Por outro lado, se a circunstância de o ensino privado ser oficializado pode até justificar e impor uma regulação pública específica, mais intensa, para assegurar uma equivalência de resultados formativos relativamente aos níveis correspondentes do ensino público – isso não implica necessariamente a transmutação da natureza do ensino, mesmo no que respeita a essas "faculdades académicas", a não ser que se partisse de uma concepção monopolista da educação por parte do Estado, que a Constituição não admite[15].

De facto, não teria sentido nas sociedades modernas uma liberdade de ensino privado que se limitasse a dar formação aos jovens ou às pessoas em geral, sem conceder graus ou títulos oficialmente reconhecidos – seria tão só uma espécie de liberdade de expressão ou de explicação organizada, sem eficácia social relevante.

A opção constitucional pela liberdade de ensino e pelo direito de criação de escolas particulares tem, também ela, de ser "tomada a sério" e, por isso, não pode deixar de implicar a possibilidade de concessão de graus e de títulos susceptíveis de serem utilizados no mercado e na sociedade como habilitações oficiais[16].

Claro que é ao Estado que cabe velar, nos termos e com os limites estabelecidos na Constituição, pela definição normativa do sistema de ensino, bem como pela verificação prévia e pela fiscalização constante da idoneidade das escolas privadas (em instalações, organização, corpo docente, métodos de ensino, etc.) para a prossecução desta tarefa de superior interesse público – mas isso significa tão só que o ensino

---

[14] Embora, como se sabe, não seja esse o sistema alemão – que, também por isso, não pode ser fonte inspiradora de soluções para o ordenamento jurídico português nesta matéria.

[15] Também não se pode dizer que a concessão de graus ou de títulos seja uma actividade necessariamente estadual ou pública, por integrar o núcleo das funções de "autoridade" – veja-se, por exemplo, a actual tendência para o reconhecimento internacional de diplomas, independentemente dos modelos escolares, no âmbito de uma mobilidade educativa, sobretudo ao nível europeu; lembre-se ainda que, para efeitos de admissão de estrangeiros, há muito se passou a considerar a actividade dos professores, mesmo no ensino básico e secundário, como "predominantemente técnica", embora inclua a participação em júris de exame, que praticam actos administrativos – cf. os Acórdãos do STA de 23/02/89 (P. 23816) e de 5/4/90 (P. 16367).

particular oficializado terá de constituir, a par de outras, aquilo que hoje se designa por "uma actividade privada publicamente regulada".

Não se pode é concluir daí que o ensino das escolas privadas oficializadas passa a ser um ensino público delegado ou concessionado, susceptível de conformação pela entidade delegante ou concedente, como se o projecto educativo e os programas da respectiva realização passassem a ser estaduais[17].

Pelo contrário, se a Constituição crisma tal actividade como o exercício de uma liberdade fundamental, razoável será concluir que a intervenção estadual é meramente autorizativa, isto é, que o Estado, ao conceder autonomia ou paralelismo pedagógico às escolas ou ao reconhecer o interesse público das escolas superiores, está apenas a cumprir o seu dever constitucional de "reconhecer" o ensino privado como tal, verificando e fiscalizando a sua idoneidade.

Por outras palavras, o direito de criação de escolas implicará naturalmente o direito à atribuição de graus e de títulos, desde que se verifiquem e enquanto se verificarem os requisitos legais respectivos[18] – uma natural e indispensável maior intensidade de intervenção normativa no ensino privado oficializado não transforma este ensino num ensino público, nem pode destruir a liberdade de ensino constitucionalmente garantida.

Por isso se mantêm no essencial, mesmo neste âmbito, as imposições constitucionais ao legislador e à Administração que atrás formulamos – é ao *legislador* que cabe regular o ensino particular com a *densidade* recomendável à garantia de equivalência formativa, podendo restringir a liberdade de ensino e a autonomia das escolas apenas na medida em que tal seja adequado, necessário e proporcional a essa finalidade; à *Administração* compete fiscalizar o cumprimento das leis, respeitando a

---

[16] Nesse sentido, v. agora a opinião fundamentada de PEDRO GONÇALVES, na sua tese de doutoramento sobre a matéria, *Exercício de poderes públicos de autoridade por entidades privadas com funções administrativas*, 2005, p. 489-516 (espec. p. 512 e ss).

[17] Assim, por exemplo, o artigo 34.º do Decreto-lei n.º 553/80, ao estabelecer que "as escolas particulares, *no âmbito do seu projecto educativo*, podem funcionar em regime de autonomia pedagógica, desde que satisfaçam as condições exigidas nos artigos seguintes", parece comprovar que o ensino particular não se transforma em ensino público delegado ou concessionado.

[18] É o que actualmente determina de forma expressa a lei italiana da paridade escolar (Lei n.º 62, de 10 de Março de 2000), nos termos da qual o reconhecimento da paridade não é uma "concessão", mas uma "verificação constitutiva".

liberdade de ensino e a autonomia das escolas, não lhe cabendo em caso algum, nem ao nível concreto, nem, pelo menos desde 1982, ao nível regulamentar[19], uma intervenção de superintendência ou de tutela sobre uma actividade que não deixa de constituir o exercício por entidades privadas de direitos fundamentais.

2.2. Há, porém, ainda a considerar um preceito constitucional que tem sido sistematicamente convocado para justificar uma concepção ou, no mínimo, uma prática estatizante no domínio do ensino – referimo-nos, obviamente, ao preceito que impõe ao Estado a criação de "uma rede de estabelecimentos públicos de ensino que cubra as necessidades de toda a população".

Só que, bem vistas as coisas, este preceito, interpretado à letra, seria de tal modo absoluto que implicaria a criação de um monopólio do Estado (ou das entidades públicas) na prestação do serviço de ensino, e de um monopólio que, em rigor, não seria sequer susceptível de concessão ou de parcerias com entidades privadas.

Ora, como não há dúvidas de que a Constituição garante a liberdade de ensino, bem como a criação e a autonomia das escolas privadas[20], também não pode haver dúvidas de que o preceito tem de ser interpretado, no mínimo, em harmonia com esses outros preceitos e, assim, objecto de restrição teleológica no contexto global da Constituição[21].

---

[19] Verifica-se, porém, uma certa incoerência entre os preceitos legais que proclamam a liberdade de ensino privado como direito fundamental e a concessão de poderes regulamentares à Administração – cf., os artigos 24.º, n.º 3 e 99.º, n.º 4, do Decreto-lei n.º 553/80, de 21 de Novembro, que permitem ao Governo fazer regulamentos sobre, respectivamente, as condições de criação de escolas particulares e a cominação de sanções a aplicar às entidades instituidoras. Esta promiscuidade entre a lei e o regulamento, comum na época, foi expressamente proibida pela revisão constitucional de 1982, devendo considerar-se tais habilitações como inconstitucionais desde essa data.

[20] De facto, aquela interpretação contrariaria frontalmente o sentido global das opções constitucionais, reduzindo à insignificância o ensino privado e descaracterizando desse modo uma *instituição* que a Constituição expressamente *garante*.

[21] Dizemos "no mínimo", porque uma interpretação mais flexível do preceito, além de ser a única que garante a concordância prática entre os valores constitucionais em presença, permite ainda uma organização e gestão mais eficiente dos recursos públicos e privados nesta área social de interesse estratégico – sendo que o princípio da eficiência até pode ser e já é considerado como um princípio jurídico, designadamente no domínio de actuações públicas que utilizam meios escassos.

Parece-nos que o preceito constitucional, interpretado no espírito do sistema, visa tornar claro que o ensino é uma *tarefa pública necessária* e que, por isso, o Estado não pode privatizar o sector e limitar-se a um papel de regulação, devendo concorrer activamente na prestação dessa actividade. Mas não impede o pluralismo educativo, nem impõe uma estatização do ensino, admitindo a concorrência entre escolas privadas e escolas públicas.

Por um lado, o preceito impõe uma *obrigação de resultado* perfeita – o Estado tem de assegurar a satisfação das necessidades de toda a população em matéria de ensino, de modo a garantir um *acesso universal* à escolaridade – que, de resto, é obrigatória e gratuita nos níveis básicos.

Por outro lado, a norma determina que o Estado deve manter uma *presença significativa na rede escolar*, que permita às famílias e aos interessados a escolha de projectos educativos e de estabelecimentos geridos por entidades públicas.

Não há, pois, qualquer incompatibilidade entre este preceito e o reconhecimento do ensino particular, nem dele decorre o carácter público do ensino privado oficializado, embora possa apontar para uma presença dominante das escolas públicas nesta área[22] e contribua para a qualificação do ensino como tarefa principal de interesse comunitário, uma qualificação relevante a diversos títulos[23].

---

[22] Como era tradição, total até no ensino superior. Veja-se, no entanto, que a Constituição não é tão impositiva quanto ao ensino pré-escolar e ao ensino especial para deficientes (cf. alíneas b) e g) do n.º 2 do artigo 74.º), porventura por se reconhecer a tradicional importância da iniciativa privada nestes níveis ou ramos de ensino.

[23] Por isso, encargo necessário das entidades públicas e objecto irrenunciável de ordenação e de fiscalização pública mesmo quando seja desenvolvida por entidades privadas.

FONTES DO DIREITO DA EDUCAÇÃO NA UNIÃO EUROPEIA

António Pedro Barbas Homem

I

O direito da educação é um domínio ainda dominado pela imprecisão dos conceitos utilizados, como educação, ensino, instrução, aprendizagem. Neste texto procuro explicar, em primeiro lugar, o sentido dos conceitos empregues, os textos jurídicos internacionais aplicáveis e, finalmente, as soluções específicas do direito comunitário.

Os textos constitucionais e do direito internacional utilizam as palavras educação e ensino sem as definir.

É importante recordar o seu sentido.

Na Recomendação de 1974 sobre a educação para a compreensão, a cooperação e a paz internacionais e a educação relativa aos direitos do homem e às liberdades fundamentais, a UNESCO deu a seguinte definição de educação:

«A palavra *educação* designa o processo global da sociedade pelo qual as pessoas e os grupos sociais aprendem a assegurar conscientemente, no interior da comunidade nacional e internacional e em seu benefício, o desenvolvimento integral da sua personalidade, das suas capacidades, das suas atitudes, das suas aptidões e do seu saber. Este processo não se limita a acções específicas.» (Ia)

Pelo seu lado, procurando delimitar o âmbito de aplicação da Convenção Europeia dos Direitos do Homem, o Tribunal Europeu dos Direitos do Homem deu a seguinte noção de educação das crianças:

«Soma de procedimentos pelos quais, em qualquer sociedade, os adultos tentam inculcar nos mais jovens as suas crenças, costumes e outros valores. (...) Ensino ou instrução visa, em particular, a transmissão dos conhecimentos e a formação intelectual». A disciplina na escola é uma «parte integral do processo através do qual a escola procura atingir os fins para os quais foi estabelecida, incluindo a desenvolver e moldar o carácter e faculdades mentais dos alunos» (acórdão Campbell e Cosans, 11).

De outro lado, importa ter presente a importância adquirida nos últimos anos pela educação realizada num contexto não escolar. Partindo do reconhecimento de que os enormes recursos humanas e financeiros despendidos no desenvolvimento do sistema escolar ficaram muito aquém das expectativas, o enfoque recomendado pelas instituições internacionais passou a assentar em novos paradigmas, assentes na qualidade, na procura das inovações e, acima de tudo, nas *necessidades de aprendizagem do indivíduo*. Daí a distinção entre educação formal – o sistema educativo tradicional –, a educação informal – que designa o processo de aprendizagem permanente do indivíduo através do seu meio envolvente e a educação não formal – que designa as actividades educativas organizadas fora do ensino formal.

De uma educação centrada no ensino tem vindo a transitar-se para a identificação das necessidades básicas de aprendizagem, conceito utilizado nos instrumentos internacionais mais recentes e que procuram caracterizar o conteúdo do direito à educação. Em especial, a Declaração Mundial sobre a Educação para Todos definiu as seguintes ideias e linhas de acção:

- a aprendizagem começa com o nascimento, assim definindo o princípio da educação inicial da infância;
- a escolaridade primária é o principal sistema de promoção da educação básica fora da família;
- as necessidades básicas de aprendizagem de crianças e de adultos são diferentes e devem ser atendidas mediante sistemas variados;
- as necessidades de educação básica para todos podem utilizar todos os instrumentos disponíveis e os canais de informação, comunicação e acção social.

Deste modo, identifica-se e concede-se importância a uma matéria que inicialmente estava unicamente entregue aos cuidados da família: os cuidados básicos e a educação inicial da infância.

A chave para entender o conteúdo da educação nos modernos Estados de direito reside na associação entre educação e dignidade humana, fundamento de outros conceitos como o «pleno desenvolvimento da personalidade humana» a que se refere a Declaração Universal dos Direitos do Homem, o «sentido da sua dignidade», segundo o Pacto Inter-nacional dos Direitos Económicos, Sociais e Culturais, o «desenvolvimento harmonioso», de acordo com a Convenção sobre os Direitos das Crianças.

Na realização da educação participam instituições como a família e a escola e, finalmente, a sociedade.

1.º A educação na família.

A família é uma comunidade de pessoas e uma instituição fundamental para a vida de cada sociedade. Cada família tem a sua própria identidade e o seu próprio modo de ser social. Deste modo, a família é uma realidade radicada na sociedade e, de modo peculiar, a primeira sociedade soberana, apesar de o poder dos seus membros de encontrar condicionada pelo direito. Esta soberania da instituição-família constitui uma exigência de um projecto de filosofia política e jurídica do ocidente cristão. Ele realiza-se na ordem jurídica através do reconhecimento dos direitos da família. Estes direitos da família estão estritamente conexos com os direitos do homem, porquanto a sua realização depende, em medida significativa, da justa aplicação dos direitos das pessoas que a compõem. Assim, a família deve estar dotada de adequadas condições económicas, sociais e culturais para a realização dos seus direitos e deveres.

Recordo que os textos relevantes do direito internacional atribuem aos pais o direito a, com prioridade em relação ao Estado e outras instituições, escolherem o género de educação que pretendem dar aos seus filhos.

O poder paternal tem o seguinte conteúdo funcional, de direitos e de deveres:

> «Compete aos pais, no interesse dos filhos, velar pela segurança e saúde destes, prover ao seu sustento, dirigir a sua educação, representá-los, ainda que nascituros, e administrar os seus bens.» (art. 1878.º/1 CC)

O poder paternal não é um direito, mas um conjunto de *poderes funcionais* (ANTÓNIO MENEZES CORDEIRO, *Tratado de Direito Civil*, I, 54). Pode caracterizar-se como um estatuto ou feixe de direitos e de deveres que deve ser exercido sempre tendo em atenção o interesse primordial do menor, e não o arbítrio ou o egoísmo dos pais. Por isso, o seu exercício é vinculado ou funcional e «no interesse dos filhos» (art. 1878.º/1); portanto, não no interesse egoísta dos pais.

Estes elementos são fundamentais para compreender que a responsabilidade civil dos pais pela educação deficiente dos filhos constituiria uma negação dos pressupostos legais em que se baseia o poder paternal. A resposta do direito civil perante estas situações patológicas só pode ser a decretação de medidas tutelares.

Talvez se compreenda, a esta luz, a resistência de certos países, comunidades e intelectuais em relação aos direitos das crianças por que receiam, o que faz pensar num retorno a debates da antiguidade, que estes direitos das crianças possam ser exercidos pelo Estado, em atenção à situação de menoridade, contra os pais.

2.º A educação na escola.

A ontologia desta relação entre pais e filhos leva-nos a uma primeira conclusão: os pais são os primeiros e principais educadores dos próprios filhos e são educadores porque pais. Os deveres dos pais em relação aos filhos são o arquétipo intemporal da responsabilidade escreveu HANS JONAS.

Os pais partilham a sua missão educadora com outras pessoas e instituições, como o Estado. Contudo, a acção do Estado tem de respeitar a autonomia das famílias de acordo com uma correcta aplicação do princípio da subsidiariedade do Estado. Reconhecido que os pais não são capazes de satisfazer por si sós a todas as exigências do processo educativo inteiro, especialmente no que toca à instrução e ao amplo sector da socialização, a acção do Estado completa assim o amor paterno e materno, confirmando o seu carácter fundamental, porque «qualquer outro participante no processo educativo não pode operar senão em nome dos pais, com o seu consenso e, em certa medida, até mesmo por seu encargo» (JOÃO PAULO II, *Carta às Famílias*).

A distinção entre a educação e a instrução ou ensino ganha assim sentido. Aos pais pertence a prioridade do direito a escolher o género de educação a dar aos seus filhos. Instrumentais destes direitos são as exigências relativas a educadores com competência e habilitações qualificadas e a escolas que permitam a cada pessoa a mais ampla realização, do ensino obrigatório ao ensino profissional e superior, à educação ao longo da vida. Aspecto central desta obrigação escolar é a sua relação com a realização do direito à educação: a educação deve cumprir critérios de qualidade e a escola não pode ser entendida unicamente como um local onde os pais entregam as crianças para entrete-nimento enquanto trabalham.

Compreende-se, assim, que a crescente autonomia das escolas e a liberdade na escolha de um projecto pedagógico e cultural próprio devam ser contrabalançadas pela responsabilidade das escolas pelo dano educativo.

3.º A educação na sociedade.

Em especial, os meios de comunicação social têm uma responsabilidade acrescida nas modernas sociedades da informação.

Está provada a importância decisiva dos meios de comunicação social na formação intelectual e moral das crianças antes mesmo de estas entrarem na escola. A televisão, em especial.

No entanto, também aqui se observa a ausência sistemática de mecanismos de responsabilização.

Os textos internacionais têm posto em relevo um critério de actuação das autoridades públicas de cada Estado que é distinto da autonomia e dos poderes da família. Assim, o *interesse superior da criança* é formulado como critério prático para os legisladores, tribunais e autoridades administrativas em todas as questões relativas a crianças (art. 3.º da Convenção sobre os Direitos da Criança).

II

O Comentário Geral 11 (1999) do Comité de direitos económicos, sociais e culturais do Conselho Económico e Social das Nações Unidas sobre questões substantivas na aplicação do Pacto Internacional sobre os Direitos Económicos, Sociais e Culturais (E/C.12/1999/4, Vigésima sessão, Genebra, 26 Abril a 14 Maio) veio sublinhar que o direito à educação não é apenas um direito económico, social e cultural, mas igualmente um direito político e civil, indispensável e indivisível dos restantes direitos – pelo que os Estados deveriam apresentar Planos de Acção tendo em vista a realização do disposto no art. 14.º PIDESC. Em especial, entendeu-se que o conceito de educação obrigatória se dirige aos Estados, aos pais e aos tutores, no sentido em que nenhum pode considerar o ensino obrigatório como opcional. Num passo de grande relevo, vai-se mais longe ao apontar que a educação prestada deve ser adequada em qualidade, relevante para a criança e deve promover a realização de outros direitos das crianças (n.º 6). Este Comentário Geral não tem valor normativo, mas constitui uma importante revelação do modo como os órgãos das Nações Unidas interpretam o cumprimento dos direitos do homem declarados nestes textos.

Como temos vindo a sustentar, este princípio de indivisibilidade dos direitos fundamentais constitui uma das chaves para entender o sentido e a extensão do direito à educação. De outro lado, entende-se agora que o conteúdo do direito à educação esteja enriquecido por estas referências:

- à qualidade da educação;
- à sua adequação e relevância para a criança;
- ao seu carácter igualmente instrumental de outros direitos das crianças.

Nesta última referência vai compreendida uma remissão para a Convenção sobre os Direitos das Crianças, a que mais acima fizemos referência.

III

O princípio da igualdade de oportunidades no acesso à educação é um elemento chave nos textos internacionais do direito da educação. Invocado no preâmbulo do Acto Constitutivo da UNESCO – *plena igualdade de oportunidades para a educação para todos* – viria a integrar outros instrumentos jurídicos internacionais:

- a Convenção Relativa à Luta contra a Discriminação no Campo do Ensino assenta, no respeito pela diversidade dos sistemas nacio-nais de educação, na proibição de todas as discriminações no

domínio de ensino e na promoção da igualdade de oportunidades e tratamento a todas as pessoas neste campo;
- a Convenção sobre os Direitos da Criança reconhece o direito da criança à educação e tendo, nomeadamente, em vista assegurar progressivamente o exercício desse direito na base da igualdade de oportunidades (art. 28.°/1).

Também a Constituição portuguesa consagra o princípio da igualdade de oportunidades em três ocasiões:

«O Estado promove a democratização da educação e as demais condições para que a educação, realizada através da escola e de outros meios formativos, contribua para a igualdade de oportunidades, a superação das desigualdades económicas, sociais e culturais, o desenvolvimento da personalidade e do espírito de tolerância, de compreensão mútua, de solidariedade e de responsabilidade, para o progresso social e para a participação democrática na vida colectiva.» (art. 73.°/2)

«Todos têm direito ao ensino com garantia do direito à igualdade de oportunidades de acesso e êxito escolar.» (art. 74.°/1)

«O regime de acesso à Universidade e às demais instituições do ensino superior garante a igualdade de oportunidades e a democratização do sistema de ensino, devendo ter em conta as necessidades em quadros qualificados e a elevação do nível educativo, cultural e científico do país.» (art. 76.°/1)

Pressuposto essencial de todos os direitos é o direito a uma tutela jurisdicional efectiva, como se dispõe no art. 20.°/1:

«A todos é assegurado o acesso ao direito e aos tribunais para defesa dos seus direitos e interesses legalmente protegidos, não podendo a justiça ser denegada por insuficiência dos meios económicos.»

Também a Convenção Europeia dos Direitos do Homem estabelece o direito a que uma causa seja apreciada de modo equitativo e público por um tribunal independente e imparcial (art. 6.°).

O princípio jurídico em causa é o seguinte: a todo o direito ou interesse legalmente protegido corresponde uma acção destinada a declará-lo, executá-lo e garantir a sua efectividade (art. 1.º CPC, art. 2.º CPTA).

Problema controverso é o de saber se todas as decisões tomadas por autoridades em matéria educativa são recorríveis, designadamente classificações dos alunos e estudantes, e decisões de ordem e disciplinares dos professores: a banalização do acesso aos tribunais, bem o sabemos, tem consequências dramáticas no funcionamento das instituições, em especial da sua capacidade para responderem às exigências da sociedade.

Tem interesse o artigo 2.º do Protocolo adicional n.º 1, que, debaixo da epígrafe *direito à educação*, dispõe sobre dois direitos diferentes:

O direito à educação (1.ª parte do art. 2.º):

«A ninguém pode ser negado o direito à instrução.»

Os direitos dos pais (1.ª parte do art. 2.º):

«O Estado, no exercício das suas funções que tem de assumir no campo da educação e do ensino, respeitará o direito dos pais a assegurar aquela educação e ensino consoante as suas convicções religiosas e filosóficas.»

O Tribunal Europeu dos Direitos do Homem e, enquanto existiu, também a Comissão Europeia dos Direitos do Homem, produziram importantes decisões nesta matéria. Não pode perder-se de vista, nas indicações que fazemos de seguida da jurisprudência do Tribunal, que os Tribunais internacionais têm uma actividade limitada pelos textos que definem a sua competência, pelo que a sua interpretação dos textos é guiada por considerações de defesa da sua integralidade de acordo com a intenção dos seus autores.

Para o Tribunal, os Estados assumiram pela Convenção o compromisso de assegurar aos cidadãos um direito de acesso às instituições educativas existentes num determinado momento e de retirarem proveito dessa educação, através do reconhecimento oficial desses estudos. De outro lado, reconhece-se que é em cumprimento do seu *dever natural* perante as crianças que os pais podem exigir do Estado o respeito pelas suas convicções religiosas e filosóficas e que esta faculdade se encontra indissoluvelmente ligada, não apenas ao direito à educação, como a outros direitos reconhecidos pela Convenção, designadamente o respeito pela vida privada e familiar, a liberdade de pensamento, consciência e religião e a liberdade de receber e transmitir informação e ideias (v., em especial, os acórdãos *Kjeldsen, Busk, Madsen e Pedersen* e *Campbell e Cosans*). Distinguimos duas dimensões distintas desta jurisprudência.

A Convenção concede total discricionariedade aos Estados na determinação da natureza e objectivos do sistema educativo, não impondo uma obrigação de fornecer todos os tipos de instrução desejados por cada um. De outro lado, garante que as convicções dos pais serão respeitadas na educação dos filhos – e este direito dos pais deve ser reconhecido igualmente no âmbito do ensino público, não meramente tolerados através do direito dos pais a escolherem uma escola privada para os seus filhos. Assim, estas obrigações do Estado não respeitam unicamente aos currícula, mas igualmente o modo como a disciplina é assegurada nas escolas (*Campbell e Cosans*).

Quanto à educação obrigatória, de acordo com o estabelecido no art. 2.º, os Estados podem impor a escolaridade obrigatória, pública ou privada, e a verificação do cumprimento desta exigência é uma parte desse dever. Consequentemente, mesmo nas situações em que é admitido o ensino doméstico, o Estado deve ser responsável por verificar a qualidade da educação e instrução ministrada em casa (*Family H v. Reino Unido*). Porém, o ensino deve ser ministrado de tal modo que a informação e conhecimentos incluídos no currículo sejam ensinados de modo objectivo, crítico e pluralista: os Estados estão proibidos de prosseguir o fim da endoutrinação que possa ser considerado como não respeitadora das convicções religiosas e filosóficas dos pais (*Kjeldsen, Busk, Madsen e Pedersen v. Dinamarca*).

IV

Como em outros textos das Nações Unidas, o acto constitutivo da Organização das Nações Unidas para a Educação, Ciência e Cultura assenta na ligação entre o progresso nos campos da educação, ciência e cultura e a paz no mundo.

A UNESCO aprovou diversas convenções e recomendações relevantes no plano da educação. De entre os instrumentos aprovados pela Assembleia Geral da UNESCO destacamos duas convenções: a Convenção contra Discriminações na Educação (UNESCO, 1960) e Protocolo Constitutivo de uma Comissão de Conciliação e de Bons Ofícios para a solução de Diferendos (UNESCO, 1962); a Convenção sobre o Ensino Técnico e Profissional (1989).

A Assembleia Geral da UNESCO aprovou igualmente declarações e quadros de acção: Quadro de acção relativo à educação para a paz, os direitos do homem e a democracia (1995); Declaração sobre a raça e os preconceitos raciais (1978).

Outros instrumentos típicos da actuação da UNESCO são as Recomendações: Recomendações sobre a luta contra a discriminação no domínio da educação (1960); Recomendação sobre a condição do pessoal docente (1966); Recomendação revista sobre o Ensino Técnico Profissional (1974); Recomendação para a Educação para a Compreensão, a Cooperação e a Paz Internacional e sobre a Educação para os Direitos do Homem e as Liberdades Fundamentais (1974); Recomendação sobre a Educação de Adultos (1976); Recomendação sobre a condição do pessoal docente do ensino superior (1997);

De outro lado, a UNESCO promoveu a adopção de instrumentos internacionais em grandes conferências: Declaração de Salamanca e Quadro de acção para a educação e as necessidades especiais, adoptada na conferência mundial sobre a educação e as necessidades educativas especiais (1994); Declaração de Hamburgo sobre a educação de adultos, adoptada na Conferência internacional sobre a educação de adultos (1997); Declaração mundial sobre o ensino superior para o século XX e Quadro de acção prioritário para a mudança e desenvolvimento do ensino superior, adoptados na Conferência mundial sobre o ensino superior (Paris, 1998).

Outras vezes, a UNESCO promoveu com outras organizações internacionais a adopção de diversos instrumentos jurídicos, nomeadamente: Declaração mundial sobre a educação para todos, adoptada na Conferência mundial sobre a educação para todos, Jomtien, Tailândia, 1990; Quadro de acção de Dakar, educação para todos (Dakar, 2000).

V

É importante recordar o nascimento das instituições europeias em torno de objectivos económicos, nomeadamente com a criação das comunidades económicas, do carvão e do aço. Mas os avanços mais recentes na construção europeia não têm esquecido a dimensão da cidadania, de que uma das dimensões é a protecção dos direitos individuais.

A União Europeia encontra-se expressamente vinculada aos direitos fundamentais desde o Tratado de Maastricht. Desde então, a União encontra-se obrigada ao respeito dos direitos fundamentais tal como resultam da Convenção Europeia dos Direitos do Homem e das tradições constitucionais de cada Estado (actualmente, cf. art. 6.º TUE). De outro lado, o Tratado da União Europeia prevê a existência de um estatuto de cidadania da União, reconhecida a todos os cidadãos dos Estados membros e envolvendo a titularidade de direitos (arts. 17.º-22.º do TUE).

A Carta dos Direitos Fundamentais da União Europeia foi proclamada solenemente pelo Parlamento, pelo Conselho e pela Comissão aquando da cimeira europeia de Nice, em 7 de Dezembro de 2000. Não é um tratado internacional. A ela não foi atribuída força normativa, constituindo um acordo interinstitucional entre os diversos órgãos da União. De acordo com o projecto do Tratado que aprova uma Constituição para a Europa, virá a constituir uma das suas partes.

A Carta dos Direitos Fundamentais está sistematizada em sete capítulos, dedicados aos direitos de dignidade, às liberdades fundamentais, à igualdade, à solidariedade, à cidadania, à justiça, e disposições gerais.

Estruturada em torno do princípio da dignidade humana (art. 1.º) e seguindo uma organização clássica, a Carta declara como liberdades fundamentais relevantes no plano da cultura e educação:

- a liberdade de pensamento, de consciência e de religião (art. 10.º);
- a liberdade de expressão e de informação (art. 11.º);
- a liberdade de reunião e de associação (art. 12.º);
- as liberdades científica, artística e académica (art. 13.º);
- o direito à educação (art. 14.º);
- a liberdade profissional e o direito de trabalhar (art. 15.º);
- a liberdade de empresa (art. 16.º);
- o direito de propriedade (art. 17.º);
- os direitos das crianças (art. 24.º).

O direito à educação desdobra-se em diversos princípios e normas (art. 14.°), de que destacamos:
O direito à educação:

«1. Todas as pessoas têm direito à educação, bem como ao acesso à formação profissional e contínua.»

A gratuitidade da escolaridade obrigatória:

«2. Este direito inclui a possibilidade de frequentar gratuitamente o ensino obrigatório.»

O respeito pela liberdade de criação de escolas particulares, direito que não é objecto de consagração autónoma:

«3. São respeitados, segundo as legislações nacionais que regem o respectivo exercício, a liberdade de criação de estabeleci-mentos de ensino, no respeito pelos princípios democráticos, e o direito dos pais a assegurarem a educação e ensino dos filhos de acordo com as suas convicções religiosas, filosóficas e pedagógicas.»

Os direitos das crianças (art. 24.°):

«1. As crianças têm direito à protecção e aos cuidados necessários ao seu bem-estar.» e (...) Podem exprimir livremente a sua opinião, que será tomada em consideração nos assuntos que lhes digam respeito, em função da sua idade e maturidade.

O interesse da criança como critério das políticas públicas e das decisões do Estado:

«2. Todos os actos relativos às crianças, quer praticados por entidades públicas, quer por instituições privadas, terão primacialmente em conta o interesse superior da criança.»

Observe-se, em primeiro lugar, que se a Carta dos Direitos Fundamentais pretendeu esgotar os direitos reconhecidos na CEDH, os preceitos relativos à educação não asseguram uma tão ampla protecção como neste último texto normativo. Porém, e nos termos referidos na própria Carta,

1.º Se os direitos forem reconhecidos quer na CEDH quer na Carta, o sentido com que devem ser interpretados e o seu âmbito são os da Convenção, excepto se a Carta conferir uma mais ampla protecção (art. 52.º/3);

2.º As disposições da Carta não podem ser interpretadas no sentido de restringir ou lesar os direitos e as liberdades reconhecidas, nomeadamente na CEDH (art. 53.º).

VI

Assinale-se, por último, a relevância do direito comunitário.

Se bem que esteja excluída a harmonização do direito educativo, as liberdades fundamentais previstas no Tratado da União são inteiramente aplicáveis a este domínio.

Às instituições comunitárias pertence uma competência geral, de acordo com o art. 3.º/1 do Tratado de Roma, de acordo com a redacção que lhe foi dada pelos Tratados da União Europeia e de Amesterdão:

«q) Uma contribuição para um ensino e uma formação de qualidade, bem como para o desenvolvimento das culturas dos Estados-membros.»

Mas é no art. 145.º que encontramos as regras fundamentais acerca das competências dos órgãos da União no domínio da educação:
Subsidiariedade e qualidade como fundamento político:

«1. A Comunidade contribuirá para o desenvolvimento de uma educação de qualidade, incentivando a cooperação entre Estados-membros e, se necessário, apoiando e completando a sua acção, respeitando integralmente a responsabilidade dos Estados-membros pelo conteúdo do ensino e pela organização do sistema educativo, bem como a sua diversidade cultural e linguística.»

A definição dos objectivos comunitários:

«2. A acção da Comunidade tem por objectivo:
— desenvolver a dimensão europeia na educação, nomeadamente através da aprendizagem e divulgação das línguas dos Estados-membros;
— incentivar a mobilidade dos estudantes e dos professores, nomeadamente através do incentivo do reconhecimento académico de diplomas e períodos de estudo;
— promover a cooperação entre estabelecimentos de ensino;
— desenvolver o intercâmbio de informações e experiências sobre questões comuns aos sistemas educativos dos Estados-membros;
— incentivar o desenvolvimento do intercâmbio de jovens e animadores sócio-educativos;
— estimular o desenvolvimento da educação à distância.»

A definição da forma jurídica e dos métodos de actuação:

«4. Para contribuir para a realização dos objectivos a que se refere o presente artigo, o Conselho adopta:
— deliberando de acordo com o procedimento previsto no artigo 251.º, e após consulta do Comité Económico e Social e do Comité das Regiões, acções de incentivo, com exclusão de qualquer harmonização das disposições legislativas e regulamentares dos Estados-membros;
— deliberando por maioria qualificada, sob proposta da Comissão, recomendações.»

Questão fundamental é a do reconhecimento dos diplomas atribuídos por instituições educativas de um Estado da União Europeia e seu reconhecimento pelos restantes Estados membros. Esta matéria justificou a aprovação de importantes textos comunitários e decisões relevantes do Tribunal de Justiça.

O sistema de reconhecimento de diplomas releva para efeitos profissionais, distinguindo-se do sistema de reconhecimento de diplomas e concessão de equivalências para efeitos académicos.

São objectivos da regulamentação comunitária:

– gerais: transparência dos mercados; qualificações profissionais dos trabalhadores
– específicos: mínimo de competência dos trabalhadores migrantes; confiança mútua nas qualificações atribuídas pelos Estados membros; aquisição de qualificações apresenta exigências semelhantes para todos os trabalhadores comunitários

O sistema europeu constitui um sistema de reconhecimento profissional de diplomas, não um sistema de reconhecimento de graus académicos (por último, v. a Directiva 2005/36/CE, do Parlamento Europeu e do Conselho, ainda não transposta por Portugal).

Não tem por objectivo o reconhecimento académico de habilitações para efeito de prosseguimento de estudos. A este respeito, o Tratado da Comunidade Europeia determina:

a) em matéria de política de educação:

«A Comunidade contribuirá para o desenvolvimento de uma educação de qualidade, incentivando a cooperação entre Estados--membros e, se necessário, apoiando e completando a sua acção, respeitando integralmente a responsabilidade dos Estados-membros pelo conteúdo do ensino e pela organização do sistema educativo, bem como a sua diversidade cultural e linguística.» (art. 149.º/1).

b) em matéria de política de formação profissional:

«A Comunidade desenvolve uma política de formação profissional que apoie e complete as acções dos Estados-membros, respeitando plenamente a responsabilidade dos Estados-membros pelo conteúdo e pela organização da formação profissional.» (art. 150.º/1).

Deste modo, o objectivo do sistema geral europeu de reconhecimento profissional de diplomas é o de permitir às pessoas habilitadas a exercer uma profissão num Estado membro e que a pretendam exercer noutro Estado membro a obtenção do reconhecimento das suas qualificações, na medida em que essa profissão esteja igualmente regulamentada nesse Estado membro.

Consequências desta natureza jurídica do sistema de reconhecimento:

1.ª O sistema de reconhecimento é profissional.

O reconhecimento incide sobre diplomas, certificados ou títulos que sancionam uma formação profissional completa. Por formação profissional completa quer dizer-se aquela que permite o exercício de uma profissão no Estado de origem.

2.ª O sistema de reconhecimento é individual.

Uma vez que o reconhecimento habilita para o exercício de uma profissão, cabe à autoridade competente do Estado membro para essa profissão examinar individualmente o pedido.

É tempo de concluir. Os elementos coligidos demonstram bem a existência de um direito da educação no espaço europeu. De um direito com indesmentíveis fundamentos éticos e que agora procura construir uma dogmática própria em torno dos direitos do educando enquanto pessoa, enquanto criança e enquanto trabalhador.

DIREITO DA EDUCAÇÃO E FUNÇÃO DOS JUÍZES

MÔNICA SIFUENTES[1]

Juíza Federal em Brasília.
Professora universitária.

Uma das mais importantes reflexões exigidas hoje, no Brasil, diz respeito à relação entre a educação, a exclusão social e o desenvolvimento.

Embora existam hoje no País cerca de 17 milhões de analfabetos, uma pesquisa divulgada pelo IBOPE mostrou que, entre os alfabetizados, 38% podem ser considerados *analfabetos funcionais* – ou seja, não conseguem utilizar a leitura e a escrita na vida cotidiana. São os *alfabetizados vienatone* – como dizia aquela antiga propaganda de aparelhos auditivos – escutam (ou melhor, lêem), mas não entendem bem as palavras. Informação não menos alarmante revela que apenas 25% dos brasileiros, entre 15 e 62 anos, vale dizer, a população economicamente ativa, tem domínio pleno da leitura e consegue localizar informações dentro de um texto.

Infelizmente, os números carregam uma amarga constatação: os séculos de escravidão ainda hoje deixam seqüelas e o analfabetismo é, sem dúvida, fruto do escravagismo e da exclusão social.

Nesse tema, vale a pena relembrar a histórica jurisprudência formada pela Suprema Corte norte-americana em matéria educacional, cerne de modificações profundas em toda a concepção sobre a política social e racial americana.

---

[1] Autora do livro: *O acesso ao ensino fundamental no Brasil, um direito ao desenvolvimento*.

Pela 14.ª Emenda Constitucional, todas as pessoas nascidas ou naturalizadas nos Estados Unidos devem ter a mesma proteção das leis. Em 1896 foi a Suprema Corte instada a apreciar uma lei do Estado da Louisiana que exigiu que todas as ferrovias fornecessem acomodações *"separadas mas iguais"* para as pessoas negras e brancas, que estavam proibidas de utilizarem o mesmo vagão de trem. Estávamos no Século XIX e a Suprema Corte entendeu que a separação entre as raças não violava o princípio da igualdade (*Plessy vs. Fergusson*). Durante décadas a doutrina resultante desse julgamento forneceu o arcabouço teórico para a discriminação racial naquele País.

Somente em 1954 um grupo de crianças resolveu pedir amparo à Justiça para obter acesso em escolas públicas de sua comunidade, freqüentadas apenas pelos brancos. Não havia escolas públicas destinadas às crianças negras. O pedido de admissão fora recusado inicialmente nas escolas, depois na Justiça local, sob a invocação do precedente de *Plessy vs Fergusson*. Concluiu a Suprema Corte (caso *Brown vs. Board of Educacion of Topeka*), após acaloradas discussões, que no campo da educação pública a antiga doutrina adotada em *Plessy vs. Fergusson* não tinha mais lugar – a separação era uma negativa da igual proteção das leis.

Não é preciso muito esforço para compreender a importância desse caso, a que se seguiram outros, para a completa mudança de rumos do problema racial americano.

O papel da Suprema Corte americana na efetividade do direito à educação leva-nos a refletir sobre o Poder Judiciário no Brasil e se ele poderia ter uma postura mais ativa, na efetivação desse direito fundamental.

No tocante à educação, a Constituição de 1988 atribuiu ao acesso ao ensino fundamental a categoria de direito subjetivo público (art. 208, §1.º) – o que quer dizer que lhe conferiu a possibilidade de acionamento direto, independente de norma infra-constitucional.

Até o advento da atual Constituição Federal brasileira, embora se reconhecesse a importância da educação como fator de mudança social, não havia ainda, excetuada a obrigatoriedade de matrícula, qualquer instrumento de sua exigibilidade, delegando as normas constitucionais a sua regulamentação para as leis ordinárias. Como um serviço público a ser prestado, na mesma categoria dos demais, a oferta de ensino básico ou mesmo a qualidade dessa oferta ficavam no campo comum da atividade da Administração: dependia da discricionariedade do Poder Público, em consonância com os critérios de conveniência e oportunidade.

Pergunta-se se a norma constitucional em vigor poderia resultar na determinação do Judiciário ao Executivo da execução de políticas públicas, como, por exemplo, construção de escolas ou criação de vagas para alunos do ensino fundamental. Mas como efetivamente exigir esse comportamento da Administração, considerando-se fatores diversos como a existência de previsão e disponibilidade orçamentária e mesmo de meios materiais e humanos para alcançar a realização da decisão judicial?

O Superior Tribunal de Justiça tem, a respeito, julgamento paradigmático, relatado pelo Ministro Luiz Fux (REsp 575.280/SP). O Ministério Público propôs ação civil pública contra o Município de Santo André/SP, objetivando compeli-lo a fornecer vagas em creches municipais para crianças carentes, menores de 6 anos. O STJ, considerando a previsão constitucional, reformou a decisão do TJSP, indeferitória do pedido. Entenderam os Ministros que o fato de o Judiciário impor ao Executivo obrigação de fazer, nessa seara, não representava invasão de competências entre os Poderes. Constou do acórdão que "deveras, não há discricionariedade do administrador frente aos direitos consagrados, quiçá constitucionalmente. Nesse campo a atividade é vinculada sem admissão de qualquer exegese que vise afastar a garantia pétrea".

Não obstante o avanço representado por esse julgamento, não se pode olvidar ser o acionamento ao Poder Judiciário para garantir a efetividade do direito ao ensino fundamental uma prática que o Poder Executivo deveria prevenir, realizando, de fato, a atribuição que a Constituição expressamente lhe outorga, como uma opção prioritária do Estado brasileiro. A solução de pendências individuais ou setorizadas é recurso extremo, que acaba por resultar na fragmentação de política pública, quando deveria ser dirigida no sentido de se atingir uma política geral de desenvolvimento.

A conclusão seguinte à constatação de que se possa estar atribuindo ao Juiz alguma responsabilidade pela educação é bastante óbvia: o Estado-Administrador não está cumprindo plenamente o seu papel. Restou ao Judiciário transformar-se em "guardião das promessas" constitucionais.

No entanto, educação e desenvolvimento são agendas imbricadas, destinatárias de políticas associadas ou comuns, como reconhece, entre tantos, aquele insuspeito biólogo chileno, criador do termo *autopoiesis* e inspirador da revolucionária tese sobre a circularidade sistemas jurídicos. Humberto Maturana, ao discorrer sobre a educação atual na perspectiva da biologia do conhecimento, afirma que "não se pode refletir sobre a educação sem antes, ou simultaneamente, refletir sobre essa coisa tão fundamental no viver cotidiano que é o projeto de país no qual estão inseridas nossas reflexões sobre educação".

E prossegue falando, obviamente, sobre o Chile: "Temos um projeto de país? Talvez nossa grande tragédia atual seja que não temos um projeto de país..."

DIREITOS E DEVERES DOS ALUNOS NAS ESCOLAS PÚBLICAS DE ENSINO NÃO SUPERIOR:

Existe um direito à qualidade de ensino?*

CARLA AMADO GOMES

Assistente da faculdade de Direito da Universidade de Lisboa

0. Introdução; **1.** Direitos e deveres dos alunos das escolas públicas de ensino não superior: uma panorâmica geral; **2.** A qualidade como padrão de exigência no serviço público: da boa administração à administração eficaz; **2.1.** A qualidade do serviço público de ensino básico e secundário; **2.1.1.** A avaliação da qualidade do ensino; **2.2.** A qualidade de ensino como direito fundamental: o "mínimo educacional garantido"; **2.3.** A justiciabilidade do direito à qualidade de ensino, um controlo mínimo do "mínimo"; **3.** Observações finais

0. A sugestão do tema da *qualidade de ensino* deixa um jurista algo perturbado. A conotação económica do termo *qualidade* coloca, por um

---

* Este texto constitui a versão escrita da intervenção da autora no 1.º Congresso de Direito da Educação promovido pela Associação Portuguesa de Direito da Educação, nos dias 14 e 15 de Outubro de 2005, subordinado ao tema "Direito à educação. Responsabilidade por um ensino de qualidade", que decorreu na Faculdade de Direito da Universidade de Lisboa. Deixo aqui os meus agradecimentos: ao Prof. Doutor A. P. Barbas Homem, pelo convite, pela confiança e pelo estímulo; ao Dr. Rui Hermida, Inspector da Educação, a disponibilidade e os esclarecimentos prestados em sede de sistema de avaliação; ao Dr. António Araújo e à Dr.ª Ana Raquel Gonçalves Moniz, a leitura atenta e as observações formuladas; ao Prof. Doutor Reis Novais, a inspiração (e a leitura). Os erros e omissões são da minha inteira responsabilidade.

lado, dificuldades de juridificação. Por outro lado, a filiação do tema específico da qualidade de ensino na disciplina de Ciências da Educação, e o cruzamento com a Sociologia e a Psicologia, também não ajudam. À primeira vista, portanto, o jurista pouco pode opinar nesta sede.

Num segundo momento, porém, a missão começa a tomar consistência. Na verdade, o Estado Social concretizado apela a noções insuspeitadas, como eficácia, eficiência e qualidade, em razão da sua estreita relação com o serviço público. A necessidade de, mais do que implantar estruturas de prestação de serviços à comunidade com carácter de continuidade, adaptabilidade e igualdade, garantir que tais prestações obtenham um nível de satisfação elevado junto dos seus destinatários, atrai para o universo jurídico as noções enunciadas. O *serviço público de ensino*[1] não lhes podia, naturalmente, ficar indiferente.

Transformar um tema não jurídico – prefencialmente abordado por autores ligados às Ciências da Educação – num tema jurídico foi, por isso, a primeira preocupação. O que se tenta nesta intervenção é uma *aproximação tacteada* ao problema, recorrendo, por um lado, às afinidades entre qualidade e eficácia e, por outro lado, à teoria dos direitos fundamentais. Com efeito, a criação e manutenção de uma rede de ensino de cobertura nacional, capaz de assegurar as necessidades das populações (cfr. o artigo 75.º da Constituição da República Portuguesa = CRP), surge como inquestionável, porque a *democracia sustentável* repousa na igualdade de acesso à formação e à informação através da educação e do ensino (cfr. os artigos 2.º e 73.º/2 da CRP)[2].

A extensão da participação democrática ao espectro europeu deve ser, também, salientada. Com a criação da "cidadania europeia", os governantes da Europa empenham-se no objectivo comum de conferir substância efectiva ao estatuto de cidadão de um espaço mais vasto,

---

[1] Adoptando este enquadramento, J. L. VILLAR EZCURRA, **El derecho a la educación como servicio público**, in *RAP*, n.º 88, 1979, pp. 155 segs, *passim*; J.-MARC LAVIEILLE, **Les principes fondamentaux de l'enseignement dans le droit positif français**, in *AJDA*, 1978, n.º 4, pp. 188 segs, *passim*.; R. SCHWARTZ, **Education: une confluence de libertés publiques**, in *AJDA*, 1998, n.º especial, pp. 177 segs, *passim*. V. também, numa perspectiva mais geral, E. MALARET I GARCIA, **Servicios públicos, funciones públicas, garantias de los derechos de los ciudadanos: perennidad de las necesidades, transformación del contexto**, in *RAP*, n.º 145, 1998, pp. 49 segs, n73 segs (75).

[2] Já assim o vislumbravam os constituintes de 1822, que no artigo 33.º/VI submeteram a capacidade eleitoral activa a saber ler e escrever.

consciencializando-o da integração e responsabilizando-o pela vivência dos valores democráticos que definem a identidade europeia. A educação afigura-se, destarte, simultaneamente como pilar da democracia nacional e europeia – o que, de resto, o artigo 3/q) e n) do Tratado de Roma, na sequência da revisão operada pelo Tratado de Maastricht, não deixa de sublinhar –, bem como, naturalmente, sustentáculo da competitividade da economia europeia em face dos restantes actores mundiais[3].

A eficácia da acção estadual no domínio da educação e do ensino mede-se, todavia, não apenas a partir da existência formal de escolas e professores, mas também compulsando o resultado material da formação ministrada – em atenção a que critérios, essa é questão. Melhor: a primeira das questões – saber como se avalia o serviço público de ensino ou, por outras palavras, saber o que caracteriza a qualidade do ensino.

O segundo problema não é menos delicado: prende-se com a possibilidade de *subjectivizar* o resultado da prestação estadual ao ponto de concretizar um direito à qualidade de ensino, plenamente justiciável. Onde a Constituição proclama a liberdade de aprender (artigo 43.°/1), numa vertente classicamente liberal, a dimensão positiva da posição jurídica não é equacionada – pelo menos na perspectiva tradicional. Já quando a Lei Fundamental garante o direito ao ensino com igualdade de condições *de acesso* e (igualdade de condições) de *êxito escolar* (artigo 74.°/1), parece progredir-se para um estádio superior, de protecção mais intensa. Dir-se-á que é mera retórica constitucional, de importância reduzida em face da inserção sistemática de tal direito, *degradado* a mero "direito social" sujeito à "reserva do possível". Será assim?

Vamos tentar responder a esta pergunta em **2.** – embora, advertimos desde já, se não devam esperar conclusões revolucionárias. Se é certo que a teoria dos deveres de protecção do Estado, desenvolvida na sequência da jurisprudência *Lüth* (do Tribunal Constitucional alemão)[4], constitui um

---

[3] Para maiores desenvolvimentos, veja-se A. EMBID IRUJO, **La escuela en Europa como factor unificador y potenciador de los derechos de los ciudadanos**, *in REDA*, n.° 108, 2000, pp. 485 segs, 488 segs.

[4] Decisão de 15 de Janeiro de 1958 (*Lüth*), *in Entscheidungen des Bundesverfassungsgerichts*, Band 7, pp. 198 segs. Esta decisão é citada sobretudo no âmbito da chamada "eficácia horizontal dos direitos fundamentais", mas as suas conclusões no domínio da dimensão objectiva destes ultrapassam o quadro problemático da vinculação das entidades privadas. Como assinala J. C. VIEIRA DE ANDRADE, a ideia de "irradiação objectiva" dos preceitos constitucionais tende a desvalorizar-se em favor da

importante contributo para o robustecimento da dimensão positiva dos tradicionais direitos de liberdade e que, nessa medida, os *direitos sociais concretizados* também podem dela retirar dividendos[5]; daí a conceber um direito ao ensino de qualidade com toda a carga de subjectivismo que isso implica, com todo o esforço financeiro que convoca, e com a justiciabilidade que acarreta, "vai um largo e arrojado, mas problemático, passo"[6].

Antes de nos embrenharmos em tão dilemática questão, procederemos – em **1**. – a uma breve análise do elenco de direitos e deveres dos alunos dos estabelecimentos públicos de ensino não superior, enunciado na Lei 30/2002, de 20 de Dezembro, que sucede ao DL 270/98, de 1 de Setembro (já por nós abordado em escrito anterior[7]), no qual o "direito a um ensino e educação de qualidade" se apresenta como a *estrela da companhia* (cfr. o artigo 13.º/a) da Lei 30/2002, que faz eco do n.º 1 do artigo 74.º da CRP), não obscurecendo, no entanto, a participação dos restantes. Na realidade, as intensas *humanidade* e *gregariedade* da relação de ensino geram uma convergência de posições jurídicas de vária ordem, desde direitos de personalidade a direitos de participação "política", a que se junta um conjunto de deveres não menos importante.

1. A Lei 30/2002, de 20 de Dezembro, constitui actualmente o Estatuto do Aluno do Ensino não Superior (=EAENS). O anterior diploma, emanado pelo Governo no âmbito da sua competência legislativa complementar (artigo 198.º/2/c) da CRP), levantava sérias dúvidas de

---

teoria dos deveres de protecção. Nas palavras do Autor, "passou a dar-se relevo à existência de *deveres de protecção* dos direitos fundamentais por parte do Estado, designadamente perante terceiros: a vinculação dos poderes estaduais aos direitos fundamentais não se limitaria ao cumprimento do dever principal respectivo (de abstenção, ou ainda de prestação ou de garantia da participação, conforme o tipo de direito do particular), antes implicaria o dever de promoção e *de protecção* dos direitos perante quaisquer ameaças, afim de assegurar a sua efectividade" — **Os direitos fundamentais na Constituição de 1976**, 2ª ed., Coimbra, 2001, p. 142.

[5] Aludimos à assimilação entre direitos, liberdades e garantias e direitos sociais objecto de concretização legislativa e fáctica proposta por J. REIS NOVAIS, **Os princípios constitucionais estruturantes da República portuguesa**, Coimbra, 2004, pp. 297 segs.

[6] J. M. CARDOSO DA COSTA, Declaração de voto ao Acórdão do Tribunal Constitucional 509/2002, *DR*-I, de 12 de Fevereiro de 2003, pp. 905 segs.

[7] CARLA AMADO GOMES, **Rebeldes com causas: os direitos e os deveres dos alunos das escolas públicas**, in *Três estudos de Direito da Educação*, Lisboa, 2002, pp. 89 segs, 120 segs.

constitucionalidade[8], pelo que a sua revogação substitutiva por lei da Assembleia se justifica plenamente. A nova legislação revela, desde logo, uma preocupação de enquadramento do aluno "numa cultura de cidadania capaz de fomentar os valores da pessoa humana, da democracia, do exercício responsável, da liberdade individual e da identidade nacional" (artigo 12.º do EAENS). Apesar da pouca concretude destes propósitos, torna-se evidente a intenção de aliar constantemente ensino e educação. Coincidindo o ensino básico e secundário com um período formativo da personalidade do jovem – uma espécie de "*rodagem* para a formação do cidadania"[9] –, o tempo passado na escola é determinante do ponto de vista da socialização. No caso de crianças carenciadas e oriundas de famílias problemáticas é mesmo, por vezes, a única possibilidade de aquisição dos rudimentos básicos da vida em sociedade.

O estatuto do aluno pauta-se pelo respeito dos princípios fundamentais da República Portuguesa (que incluem o conhecimento da bandeira e do hino nacional), bem como pela observância de valores universais, plasmados na Declaração Universal dos Direitos do Homem, na Convenção Europeia dos Direitos do Homem e na Convenção sobre os Direitos da criança (assinada em Nova Iorque em 26 de Janeiro de 1990, sob a égide da Organização das Nações Unidas) – conforme dispõe o artigo 12.º do EAENS. É, assim, à luz da Constituição e destes textos de Direito Internacional que deve ler-se o elenco de direitos e deveres enunciados no diploma, além da sua natural ligação à Lei de Bases do Sistema Educativo (Lei 46/86, de 14 de Outubro = LBSE), da qual constitui desenvolvimento (cfr. o artigo 1.º do EAENS)[10].

---

[8] Cfr. o nosso **Rebeldes...**, *cit.*, pp. 117, 118

[9] A expressão é de L. COTINO HUESO, **La libertad del estudiante: derechos, libertades, deberes y responsabilidades del alumnado,** in *Derechos, deberes y responsabilidades en la enseñanza*, Valencia, 2000, pp. 205 segs, 254.

[10] Cfr. RUI HERMIDA, **Direitos e deveres dos alunos**, in *Actas da 1ª Conferência Nacional da Inspecção-Geral da Educação*, Lisboa, 1999, pp. 109 segs, 110 segs. O Autor, escrevendo ainda na vigência do anterior Estatuto, aprovado pelo DL 270/98, de 1 de Setembro, refere, como fontes de direitos dos alunos, os contratos de autonomia, os regulamentos internos e o "direito circular" da escola. Temos dúvidas quanto à legitimidade de alargar (e, *a fortiori*, restringir), o catálogo de direitos inscrito no EAENS por apelo ao princípio de autonomia estatutária das escolas, na medida em que, tendo essa autonomia sede (directa ou indirecta, no caso dos contratos) no DL 115-A/98, de 4 de Maio e indo este muito além do nível de autonomia delineado no artigo 44.º da LBSE, se

O artigo 13.º do EAENS contempla os mesmos direitos que o diploma anterior[11] – cfr. as alíneas f) e seguintes com as alíneas a) e seguintes do DL 270/98 –, e adita-lhe cinco novas situações: o direito à qualidade de ensino – alínea a); o direito ao livre desenvolvimento da personalidade através da aprendizagem – alínea b); o direito à avaliação alínea – c)[12]; o direito à valorização das manifestações de solidariedade alínea – d); e o direito a usufruir de um horário bem planificado – alínea e). São posições de índole muito diversa: enquanto as alíneas a), b) c) e e) têm uma **dimensão** claramente **estatutária** – são direitos do aluno como "cliente" do serviço público de ensino, a alínea d) e, em certa medida, a segunda parte da alínea e) revela uma preocupação formativa do aluno como **cidadão** (mais uma vez, a educação a misturar-se com o ensino)[13]. Noutra perspectiva: a alínea b) desvela um direito de **personalidade**; já as alíneas a), c) iluminam a **dimensão procedimental** da relação jurídica de ensino, e a alínea e) prende-se à **vertente organizativa** do serviço público de ensino.

---

nos afigura padecer de ilegalidade (embora não, em nossa opinião, de inconstitucionalidade — para mais desenvolvimentos, v. o nosso **Rebeldes...**, *cit.*, pp. 101 segs, *max.* 114, 115).

E ainda que se admita — por decisão do Parlamento e em desenvolvimento do artigo 77.º da CRP — a concessão de autonomia pedagógica e estatutária às escolas públicas de ensino não superior, o estabelecimento de um catálogo de direitos e deveres, bem como a procedimentalização da aplicação de sanções pelo não acatamento, devem ser unificadas num diploma com força de lei formal, em atenção aos princípios da igualdade e da reserva de lei restritiva (artigos 13.º, 18.º/2 e 165.º/1/b) da CRP), não devendo a sua transposição para o regulamento interno ir além de uma estrita concretização situacional.

[11] Para uma análise do conjunto de direitos ínsitos no DL 270/98, v. o nosso **Rebeldes...**, *cit.*, pp. 120 segs, e RUI HERMIDA, **Direitos...**, *cit.*, pp. 113 segs (alertando para direitos "fora do catálogo" a pág. 114).

[12] Sobre este direito, veja-se L. COTINO HUESO, **La libertad...**, *cit.*, pp. 231 segs, e o nosso **Apontamentos sobre o direito ao recurso das decisões de avaliação de conhecimentos no ensino superior**, *in Três estudos de Direito da Educação*, Lisboa, 2002, pp. 17 segs, 46 segs (o texto versa sobre o ensino superior mas as considerações são transponíveis para graus menos elevados de ensino).

[13] Estabelecendo uma distinção entre direitos de personalidade e direitos de participação na vida da escola, L. COTINO HUESO, **Derechos y libertades en la enseñanza y objecto constitucional de la educación: algunas propuestas de análisis**, *in Derechos, deberes y responsabilidades en la enseñanza*, Valencia, 2000, pp. 99 segs, 107 segs.

Nas restantes alíneas do artigo 13.º vemos, como do antecedente, direitos de **personalidade** à integridade física[14], à privacidade – alíneas i), j) e k) –, direitos de **participação** na vida da escola – capacidade eleitoral activa e passiva para os órgãos de representação; direito à informação; liberdade de expressão – alíneas m), p), l) e n), direitos a **prestações**, pecuniários e outros – alíneas f) e g). Topa-se ainda, noutros dispositivos, com referências a direitos **pessoais:** liberdade religiosa – cfr. a alínea g) do artigo 18.º; direito à família – alíneas c), d) e f) do artigo 18.º; a direitos **culturais:** participação em eventos desportivos e culturais – cfr. a alínea h) do artigo 18.º, a **garantias de defesa** em procedimento disciplinar (artigos 43.º segs).

Em contraponto, o EAENS estabelece um conjunto de deveres que, à semelhança do que sucede com os direitos, também se podem agrupar consoante a sua distinta contextualização e funcionalidade (cfr. o artigo 15.º). Queremos dizer que, paralelamente a **deveres** claramente **funcionais** – dos quais se destaca o *novo* dever de "estudar" – alínea a) do artigo 15.º[15], intimamente relacionado com o dever de assiduidade alínea b) do artigo 15.º e artigos 17.º e segs —, adstritos à realização do objectivo de aproveitamento da inserção escolar (e não apenas do sucesso escolar) – "seguir as orientações dos professores relativas ao seu processo de ensino e aprendizagem" – alínea c); "respeitar as instruções do pessoal docente e não docente" – alínea f); "contribuir para a harmonia da convivência escolar e para a plena integração na escola de todos os alunos" – alínea g); "participar nas actividades educativas ou formativas desenvolvidas na

---

[14] Deste direito decorre a proibição de aplicar castigos físicos ao aluno, consequência mais relacionada com a humanização da relação jurídica de ensino, do que com a garantia de não ser submetido a "tratos degradantes", consagrada no artigo 25.º/2 da CRP. É que, segundo a jurisprudência do Tribunal Europeu dos Direitos do Homem, o castigo físico, desde que não seja vexatório e desrazoavelmente violento, é admissível. Os casos levados ao Tribunal relacionam-se maioritariamente com castigos infligidos em colégios ingleses nos quais, por tradição, a sanção corporal continua a ser aplicada — cfr. L. COTINO HUESO, **La libertad...**, *cit.*, pp. 252, 253.

[15] Este dever do aluno de estudar, correspondendo ao esforço humano e financeiro da Administração educativa na sua formação, constituiu o principal fundamento do não reconhecimento do direito a fazer greve por parte do Supremo Tribunal Espanhol (bem como o facto de os alunos não serem "trabalhadores") — L. COTINO HUESO, **Derechos...**, *cit.*, p. 109, nota 181; *idem*, **La libertad...**, *cit.*, p. 258. Tal facto não impede, todavia, a aceitação das liberdades de reunião e de manifestação, desde que exercidas em tempos não lectivos.

escola, bem como nas demais actividades organizativas que requeiram a participação dos alunos" – alínea h); "zelar pela preservação, conservação e asseio das instalações, material didáctico, mobiliário e espaços verdes da escola, fazendo uso correcto dos mesmos" – alínea k); "participar na eleição dos seus representantes e prestar-lhes toda a colaboração" – alínea n) –, o EAENS consagra também **deveres de socialidade**, que vinculariam o aluno/cidadão em qualquer outro espaço de vivência em comum e que denotam a intenção de educação socializadora que a escola, em nome de imperativos éticos e jurídicos, deve promover.

Referimo-nos aos deveres de civilidade e correcção – alínea d); de lealdade – alínea e)[16]; de respeito pela integridade física dos restantes membros da comunidade educativa – alínea i); de auxílio e assistência em situações de perigo – alínea j); de respeito pela propriedade de terceiros – alínea l); de abstenção de consumo de substâncias aditivas e de tráfico das mesmas – alínea p); de abstenção de introdução na escola de objectos que possam pôr em risco a integridade de terceiros – alínea q); enfim, da abstenção da prática de qualquer acto ilícito – alínea r).

Há ainda outros deveres espalhados pelo diploma como, por exemplo, o dever de justificação de falta perante o director de turma ou professor titular, que impende sobre os alunos de idade igual ou superior a 18 anos (cfr. o artigo 19.º/1, *in fine*), ou o dever de acatar qualquer medida disciplinar que lhe venha a ser aplicada (implícito no n.º 1 do artigo 24.º, bem como nas restantes disposições relevantes na matéria).

O incumprimento de qualquer um destes deveres, alternativa ou cumulativamente, pode dar origem à aplicação de medidas disciplinares (cfr. o artigo 23.º e os artigos 24.º e seguintes). Tais medidas podem revestir dois tipos de finalidades: pedagógicas e preventivas (artigos 24.º/1 e 26.º), e sancionatórias (artigos 24.º/2 e 27.º) – podendo cumular-se, nos termos do artigo 28.º. Os princípios da culpa e da proporcionalidade devem nortear a utilização destas medidas disciplinares (artigos 24.º/4 e 25.º), sendo certo que nenhuma delas pode, "por qualquer forma, ofender a integridade física, psíquica e moral do aluno nem revestir natureza pecuniária" (artigo 24.º/3). Não querendo entrar na análise detalhada destas medidas, chamaremos apenas a atenção para dois aspectos: por um

---

[16] Este dever de lealdade deverá encontrar um limite na alínea r) do mesmo artigo 15.º, na medida em que nunca poderá servir de cobertura à prática, comissiva ou omissiva, em regime de autoria ou de cumplicidade, de actos ilícitos.

lado, a fixação de **um limite mínimo de idade** – 10 anos – no que respeita à aplicação das medidas mais graves (transferência de escola: 32.º/1; suspensão: 35.º/1; expulsão: 36.º, com base num argumento de maioria de razão)[17]; por outro lado, o **condicionamento** da aplicação da medida de expulsão a alunos abrangidos pela **escolaridade obrigatória** em função da possibilidade de assegurar a frequência noutro estabelecimento de ensino "situado na mesma localidade ou na localidade mais próxima, servida de transporte público ou escolar" (artigos 32.º/2 e 36.º/4).

O dever de assiduidade mereceu do legislador um tratamento autónomo relativamente aos demais (artigos 17.º a 22.º), facto que bem se compreende em face da conexão directa entre a aprendizagem e a assiduidade – aprendizagem entendida aqui num sentido amplo, de responsabilização do aluno pela frequência das aulas[18] –, colhendo os frutos dos ensinamentos dos professores e da convivência com os colegas[19]. A disciplina que a assiduidade pressupõe está, em primeira linha, funcionalizada ao dever de estudar com regularidade, mas não é alheia à interiorização de deveres de trabalho (cfr. o artigo 17.º/3, 2ª parte), essenciais à formação do aluno como cidadão integrado numa sociedade que aguarda o seu contributo activo.

Não é demais vincar, enfim, a aliança entre o direito a realizar "aprendizagens bem sucedidas" – alínea a) do artigo 13.º – e o dever de estudar e de "ser assíduo, pontual e empenhado no cumprimento de todos os deveres no âmbito do trabalho escolar" – alíneas a) e b) do artigo 15.º. Ou seja: a qualidade do ensino resulta de um procedimento bidireccional, no qual o aluno tem um papel determinante.

O incumprimento do dever de assiduidade é registado através da marcação de faltas (artigo 17.º/4). No entanto, em consonância com o reconhecimento, quer de determinados direitos do aluno (já assinalados

---

[17] O legislador pretendeu proteger a estabilidade emocional da criança, apelando a uma espécie de "presunção de inocência" relativamente à (não) consciencialização da gravidade de certos comportamentos, cuja estigmatização através da aplicação de medida mais gravosa poderia gerar efeitos perversos.

[18] O dever de assiduidade impõe-se na medida em que "el alumno debe ser consciente de que está siendo receptor de un servicio de la sociedad" — L. COTINO HUESO, **La libertad...**, *cit.*, p. 260 segs.

[19] Porque, naturalmente, o aluno pode faltar a algumas aulas e conseguir obter bons resultados em testes e exercícios, em virtude da sua capacidade de aprender sozinho (ou com ajuda de terceiros) os conhecimentos.

supra), quer da necessidade de salvaguardar a saúde dos restantes membros da comunidade educativa – cfr. a alínea b) do artigo 18.°, que se reporta a casos de isolamento profilático –, quer de qualquer outro facto considerado impedimento relevante, há ausências sobre as quais recai uma causa de exclusão da ilicitude, ou seja, uma justificação de falta[20]. Sempre que a falta não tiver "cobertura", considera-se injustificada (artigo 20.°) – e, sublinhe-se, é sempre injustificada a falta decorrente da ordem de saída da aula em virtude de comportamento perturbador da actividade lectiva (artigo 30.°/1) –, podendo gerar, caso seja ultrapassado o limite estabelecido no n.° 1 do artigo 21.°, uma de duas situações: a *retenção* do aluno no mesmo ano lectivo, não transitando de ano – caso esteja abrangido pela escolaridade obrigatória e salvo decisão em contrário do Conselho Pedagógico – artigo 22.°/a); ou a *exclusão* do aluno não abrangido pela escolaridade obrigatória, impossibilitando-o de continuar a frequentar as aulas do ano lectivo em curso – artigo 22.°/b).

O regime esboçado no EAENS norteia-se, em *síntese sintética*, pelas seguintes coordenadas, em interligação com o texto constitucional:

a) Realização do objectivo de democratização do saber (e, reflexamente, da fruição cultural que lhe é inerente), no intuito de formar cidadãos mais informados, tolerantes e socialmente responsáveis (artigo 73.°/2 da CRP);

b) Salvaguarda do direito/dever de escolaridade obrigatória, em atenção ao objectivo *supra* referido (artigo 74.°/2/a) da CRP);

c) Promoção e responsabilização do aluno pela obtenção de prestações de ensino de qualidade, adstringindo-o a deveres como estudar, ser assíduo e respeitar as orientações dos professores quanto ao processo de aprendizagem, com vista ao êxito escolar (artigo 74.°/1 da CRP);

d) Respeito pela dignidade, física e psíquica do aluno (artigos 24.°, 25.°, 29.° e 32.° da CRP);

e) Impulso à criação de um sentido de responsabilidade cívica, de solidariedade para com os colegas, professores, pessoal não docente e restantes membros da comunidade em geral (artigo 73.°/2 da CRP).

---

[20] O procedimento de justificação das faltas segue os trâmites previstos no artigo 19.°.

Passemos então a averiguar de que modo a aposta do Estado na formação dos seus cidadãos, com vista à constituição de um corpo social, não só democraticamente empenhado, como economicamente competitivo (cfr. o artigo 73.º/4 da CRP), se reflecte na criação e manutenção de um *serviço público de ensino de qualidade,* e se pode ou não falar-se de um *direito à qualidade de ensino.*

2. É a própria Lei Fundamental que avança com as ideias de desburocratização administrativa, de "eficácia" de acção da Administração, de "racionalização dos meios a utilizar pelos serviços" (artigo 267.º/1, 2 e 5), donde se infere a intenção de, mais do que estruturar a organização administrativa, o fazer de modo a optimizar a satisfação do interesse público, quer do ponto de vista dos serviços, quer do ponto de vista dos usuários. O artigo 10.º do Código do Procedimento Administrativo (=CPA) segue-lhe o rasto, apelando à "celeridade, economia e eficiência" da decisão administrativa. A lógica da Administração de prestação, se começou por ser apenas *fazer,* é actualmente pautada pelo *fazer bem* – o melhor possível, com os meios disponíveis[21].

Segundo PAREJO ALFONSO, a subordinação da Administração ao princípio da eficácia tem três consequências[22]:

i.) definição de um critério jurídico valorativo da execução administrativa;
ii.) ligação estreita entre organização e actividade; e
iii.) especificidade da gestão administrativa e dos critérios valorativos da sua actuação.

A lógica do serviço público eficaz destaca-se, assim, da pura vinculação à lei, impondo uma dialéctica entre a estruturação dos serviços e o resultado da actividade (para tal contribuem a desburocratização e a

---

[21] Sobre a eficácia como princípio rector do serviço público, L. PAREJO ALFONSO, **La eficacia administrativa y la calidad total de los servicios públicos**, *in El Derecho Administrativo en el umbral del siglo XXI. Homenaje ao Prof. Dr. D. Ramón Martín Mateo,* II, coord. de Sosa Wagner, Valencia, 2000, pp. 1949 segs, *passim*; R. MARTÍN MATEO, **El sistema administrativo clasico y su permeabilidad a los nuevos paradigmas de la calidad total**, *in RAP,* n.º 134, 1994, pp. 7 segs, *max.* 22 segs.

[22] L. PAREJO ALFONSO, **La eficacia...**, *cit.*, pp. 1957, 1958.

eficiência de gestão)²³, e tendendo para a autonomização da forma de actuar administrativa em face da actuação dos privados (nomeadamente, por força da indispensabilidade do serviço, do seu acesso universal e da regularidade com que é prestado). Saliente-se que, ao destacar-se da legalidade, a eficácia aponta para um *plus* relativamente à mera compatibilidade da actuação do Estado face à lei. "A bondade constitucional da actividade administrativa é o resultado, ou, se se preferir, a combinação da regularidade e da eficácia", afirma PAREJO ALFONSO²⁴. A eficácia impõe uma avaliação entre a prestação e o seu resultado, ou seja, a compulsão do grau de satisfação daquela por parte do destinatário²⁵.

A boa administração qualifica-se através da ideia de administração eficaz. A mera satisfação do *cliente* do serviço público não basta, elevando-se a exigência de um patamar formal para um patamar material: a qualidade do serviço prestado. Uma qualidade que se sente externamente – maior celeridade, menor burocracia, maior conforto – e que assenta, internamente, na máxima da eficiência de gestão dos recursos, financeiros e humanos – especialmente importante numa época de liberalização, na medida em que condiciona a competitividade.

O incremento da qualidade assenta numa mudança de atitude, na reconversão do *modus operandi* tradicional. É um processo psicológico propulsionado pela introdução da formação permanente, da adopção de novos sistemas de gestão, da incorporação de novas tecnologias, de uma preocupação com a motivação constante do funcionário²⁶. A profunda alteração de mentalidade opera nos dois sentidos: o cliente do serviço também tem que se adaptar gradualmente aos novos padrões de exigência, correspondendo ao esforço da máquina administrativa e desenvolvendo uma atitude crítica relativamente ao défice de eficácia.

---

[23] Apelando à eficiência (e não à eficácia) como *Oberbegriff*, JOÃO LOUREIRO, **O procedimento administrativo entre a eficiência e a garantia dos particulares (Algumas considerações)**, Coimbra, 1995, pp. 123 segs, *max*. 131 segs. O Autor indica três dimensões da eficiência (reportando-se ao Projecto de Código do Processo Administrativo Gracioso, um dos documentos preparatórios do actual Código do Procedimento Administrativo): "a economicidade, traduzida na necessidade de poupança de recursos, a eficácia, a expressar-se na realização dos fins da decisão, e a celeridade, a manifestar-se na rapidez na preparação e na tomada de decisão" — pp. 142, 143.

[24] L. PAREJO ALFONSO, **La eficacia...**, *cit.*, p. 1977.
[25] R. MARTÍN MATEO, **El sistema...**, *cit.*, p. 23.
[26] R. MARTÍN MATEO, **El sistema...**, *cit.*, p. 13.

O ponto está em saber se a qualidade constitui uma mera garantia objectiva de bom funcionamento – controlável internamente e eventualmente geradora de responsabilidade disciplinar dos funcionários –, ou se adquire relevo no plano subjectivo, investindo os cidadãos num "direito" a exigir do serviço uma conduta que proporcione níveis de satisfação elevados. Nomeadamente, é questionável se um cidadão pode demandar judicialmente uma entidade pública no sentido de pedir a condenação numa prestação de *facere* com uma determinada configuração, ou mesmo requerer o ressarcimento de um dano que alegadamente lhe foi causado por preterição do nível de qualidade por si considerado adequado.

Dir-se-á que de pouco serve o *up-grade* material da concepção de serviço público se não for possível responsabilizar a Administração pelo deficiente cumprimento das tarefas prestacionais que lhes estão reservadas. É preciso não esquecer, todavia, o percurso de progressiva responsabilização administrativa trilhado desde que a *Escola de Bordéus* – fundada por Léon Duguit e continuada por Gaston Jèze –, inventou o "serviço público", dotando o Direito Administrativo de um renovado sentido de missão[51]. De uma época de imunidade total, foi-se progressivamente operando a responsabilização dos funcionários e agentes administrativos[52]: a inércia, o descuido, a falta de diligência, passaram a

---

[51] Para uma síntese da noção de "serviço público", de Duguit à actualidade, E. MALARET I GARCIA, **Servicios públicos...**, *cit.*, pp. 58 segs.

[52] Em Portugal, a Constituição de 1933 previa, no artigo 8.°/17, "o direito a reparação de qualquer lesão efectiva" a favor dos cidadãos, mas a remissão dos contornos desse direito para lei ordinária ("conforme dispuser a lei") esvaziou-o de conteúdo. As consagrações pontuais da responsabilidade da Administração (expropriações, servidões de utilidade pública, ocupação de terrenos afectos a estaleiros de obras públicas), a par da alteração, em 1930, dos artigos 2399.° e 2400.° do Código de Seabra (que admitiam a responsabilidade do Estado e das autarquias, solidariamente com os seus funcionários por actos ilegais praticados dentro das respectivas obrigações legais), e ainda a confirmação, nos artigos 366.° e 367.° do Código Administrativo de 1936/40, da responsabilidade das autarquias por actos dos seus funcionários praticados com violação de lei e preterição de formalidades, afastaram do nosso Direito Administrativo a regra da irresponsabilidade do Estado (por actos ilícitos). Cfr., para mais pormenores sobre a evolução histórica do regime da responsabilidade da Administração em Portugal, MARIA DA GLÓRIA DIAS GARCIA, **A responsabilidade civil do Estado e demais pessoas colectivas públicas**, Lisboa, 1997, pp. 17 segs; MARIA JOSÉ MESQUITA, **Da responsabilidade civil extra-contratual no ordenamento jurídico-constitucional vigente**, *in Responsabilidade civil extracontratual da Administração Pública*, coord. de Fausto de Quadros, Coimbra, 1995,

ser susceptíveis de gerar vínculos indemnizatórios a favor dos cidadãos lesados. E a massificação dos serviços, avassalando a máquina administrativa com pedidos e sufocando-a num esforço financeiro permanente, fez até emergir uma forma de *objectivização* da responsabilidade que se vulgarizou: a "culpa do serviço"[53].

Não pode ignorar-se, contudo, o ponto principal: que o incremento das funções da Administração é directamente proporcional ao aumento das necessidades de financiamento. GARCIA NIETO coloca o *dedo na ferida* quando afirma que a actuação da Administração de prestação há-de ser sempre e permanentemente deficitária[54]. A este propósito fala GÓMEZ PUENTE da necessidade do estabelecimento normativo de *standards* de actuação, que ajudariam o juiz a decidir casos de responsabilidade administrativa por alegada insuficiência ou ausência de actividade prestacional – pois é ao nível da responsabilidade por omissão administrativa que esta problemática se reflecte com mais vigor. Esses *standards* permitiriam esperar uma maior homogeneidade na actuação administrativa, preservando a igualdade entre os cidadãos destinatários, e ajudariam os juízes a avaliar a legalidade da (in)acção administrativa. Tais parâmetros de actuação, "além de incrementarem a segurança jurídica neste domínio do tráfico administrativo, a fiabilidade e a transparência das relações de serviço público, evitariam excessos no desenvolvimento da função jurisdicional"[55].

Com o advento da qualidade como padrão de bom funcionamento, a Administração fica mais pressionada para obter bons resultados na sua actividade servicial, mas tal não significa que se lhe possa exigir o impossível. No domínio da Administração prestadora – quer se trate de prestações de *dare* ou de *facere*, jurídicas ou fácticas –, a eficácia é exigível na medida do possível: a solidariedade implica uma partilha tendencialmente igualitária de vantagens e desvantagens. Por outras

---

pp. 41 segs. 55 segs.; J. A. DIMAS LACERDA, **Responsabilidade civil extracontratual do Estado (alguns aspectos)**, *in Contencioso Administrativo*, Braga, 1986, pp. 239 segs. 240 segs.

[53] Cfr. o nosso **Contributo para o estudo das operações materiais da Administração Pública e do seu controlo jurisdicional**, Coimbra, 1999, pp. 409 segs.

[54] A. GARCIA NIETO, **La inactividad material de la Administración: viente cinco años después**, *in DocA*, n.º 208, 1986, pp. 11 segs. 18.

[55] M. GÓMEZ PUENTE, **La inactividad de la Administración**, Pamplona, 1997, p. 688.

palavras, a diligência agravada que a qualidade implica deve ser perspectivada em função dos meios disponíveis, da formação dos funcionários e de um padrão o mais objectivo possível de satisfação da necessidade. O que for além deste juízo há-de constituir uma espécie de *risco residual* do aproveitamento do serviço – salvo, porventura, em casos de "dano especial e anormal", cujo enquadramento jurídico não é líquido[56].

Impõe-se, portanto, uma visão realista. Nas palavras de GÓMEZ PUENTE: "Na realidade, o estabelecimento de deveres de meios expressa um certo grau de resignação perante a dificuldade, improbabilidade ou incerteza de alcançar determinados objectivos a que só tendencialmente pode aspirar-se (a prevenção ou tratamento de doenças, a supressão da delinquência, etc.). Entre as necessidades públicas de cuja satisfação a Administração está incumbida, há algumas em que a imposição de deveres de resultado iria contra a própria natureza das coisas e careceria de toda a racionalidade.

"Isso não impede, contudo, que se possa recomendar à Administração que desenvolva as diligências *necessárias* para as satisfazer *na medida do possível*"[57]. O mínimo que se pode pedir à Administração neste domínio, que é actualmente vastíssimo[58], é uma actuação racional e responsável, que observe sobretudo os imperativos de igualdade de tratamento e de respeito pelas justas expectativas dos cidadãos.

2.1. O serviço público de ensino é hoje uma realidade justificada, por um lado, pela massificação e, por outro lado, pela centralidade da realização pessoal do cidadão como objectivo da acção do Estado. O cres-

---

[56] Tendo por referência o DL 48.051, de 21 de Novembro de 1967, o arbitramento de quantias a título de responsabilidade objectiva (pelo risco ou por acto lícito) depende de o prejuízo ser especial — ou seja, onerar intoleravelmente a vítima em face dos restantes cidadãos. Ora, a massificação do serviço público induz a massificação dos eventuais danos, o que inviabiliza a verificação da "especialidade".

[57] M. GÓMEZ PUENTE, **La inactividad...**, *cit.*, p. 687.

[58] Embora tenda a comprimir-se, em virtude da liberalização de certos serviços públicos propulsionada pela União Europeia. Cfr. VITAL MOREIRA, **Serviço público e concorrência. A regulação do sector eléctrico**, *in Os caminhos da privatização da Administração Pública*, *IV Colóquio luso-espanhol de Direito Administrativo*, Coimbra, 2001, pp. 223 segs.

cimento demográfico subsequente à Revolução Industrial, bem como a progressiva alteração do estatuto da mulher, transformou o ensino – *maxime*, o universitário – de assunto reservado às elites (masculinas) em campo aberto a todos os que procuram libertar-se da ignorância. A estes factores sociais juntou-se o factor político: a democracia representativa, censitária e sexista, num primeiro momento; universal e sexualmente igualitária, depois. Como sabemos, a democracia alimenta-se da participação e esta pressupõe um grau de informação e de activismo cívico. Se o estado de progresso económico de um Estado é directamente proporcional ao nível educacional das populações, a *saúde* da democracia representativa não menos depende do sentido crítico dos representados, aguçado pelos processos de aprendizagem.

O Estado português tem, por incumbência constitucional, a missão de "democratizar" o ensino e, numa dimensão mais vasta, a cultura (artigo 73.º/2 e 3 da CRP). Numa perspectiva **organizacional**, o Estado deve criar e manter uma rede pública de escolas – o que não inviabiliza o direito à criação de escolas privadas (garantido, aliás, no artigo 43.º/4 da CRP)[59]; assegurar o ensino básico universal, obrigatório e gratuito; garantir a educação permanente e erradicar o analfabetismo; garantir o acesso aos mais elevados graus de ensino (de acordo com as capacidades dos cidadãos); estabelecer progressivamente a gratuitidade de todos os graus de ensino; inserir as escolas nas comunidades que servem e promover a interligação entre a escola e as actividades sociais, económicas e culturais; apoiar o ensino especial e conceder ajudas aos cidadãos com deficiência; promover a língua gestual; e não descurar o apoio aos filhos dos emigrantes no que respeita ao acesso à educação e ao ensino da língua portuguesa (cfr. os artigos 75.º/1 e 74.º/2 da CRP).

Numa perspectiva **material**, cumpre aludir à proibição de programação da educação e cultura por parte do Estado (artigo 43.º/2 da CRP), e à imposição de um princípio de laicismo ou não confessionalidade

---

[59] Como sublinhou J. C. VIEIRA DE ANDRADE na sua intervenção oral no segundo painel do Congresso, há que proceder a uma interpretação flexível do artigo 75.º/1 da CRP, sob pena de ele anular o direito reconhecido no artigo 43.º/4 da CRP. Segundo VIEIRA DE ANDRADE, o Estado tem uma "obrigação de resultado" que pode cumprir mesmo através de escolas privadas (*v.g.*, através da celebração de contratos de associação), não podendo abdicar, no entanto, de manter uma "presença significativa" no sistema de ensino a nível nacional.

do ensino (artigo 43.º/3 da CRP)[60]. No ensino público, o professor tem a sua liberdade de ensino limitada apenas por critérios científicos e pedagógicos, enquanto o aluno vê garantida a sua liberdade de aprender (no sentido amplo de educação e ensino) descontextualizada de qualquer orientação ideológica, política, religiosa, estética ou filosófica[61]. Claro que isto não significa, nem que o professor esteja inibido de exprimir a sua opinião a propósito da matérias conexas com a Religião ou a Política (pense-se numa disciplina como História[62]) – a Constituição proíbe a doutrinação, não a livre expressão do pensamento[63] –, nem que o aluno esteja obrigado a *desinvestir* a sua compreensão crítica das matérias da sua mundividência religiosa, política ou filosófica[64].

---

[60] Cfr., sobre esta disposição, o comentário de JORGE MIRANDA, in JORGE MIRANDA e RUI MEDEIROS, **Constituição da República Portuguesa, Anotada**, I, Coimbra, 2005, pp. 456 segs, bem como o Acórdão do Tribunal Constitucional 174/93, de 17 de Fevereiro, sobre o ensino da disciplina de religião e moral católicas no ensino primário (ponto 7.) e Declarações de Voto.

[61] No ensino privado, em virtude da liberdade de criação de escolas de acordo com projectos ideológicos próprios, as coisas passam-se diferentemente. Sobre a convivência entre o princípio do laicismo do ensino estadual e o princípio da liberdade ideológica (sobretudo religiosa) no ensino privado, ao nível comparado, C. STARCK, **La base constitutionnelle du droit scolaire en Allemagne**, in RFDC, 1991/5, pp. 55 segs; A. EMBID IRUJO, **La enseñanza en España en el umbral del siglo XXI. Consideraciones jurídicas**, Madrid, 2000, pp. 234 segs; e C. MARZUOLI, **Istruzione e «Stato sussidiario»**, in Diritto Pubblico, 2002/1, pp. 117 segs, *max.* 133 segs.

[62] Conforme realça L. COTINO HUESO (**Derechos...**, *cit.*, p. 121), "asignaturas como Ciencias Sociales, Historia, Economia política o Derecho Constitucional brindam una mayor oportunidad para las posiciones ideológicas que la que ofrece la Educación Física, artística o de idiomas, las matemáticas, o la Biologia molecular". Daí que "una manifestación política de un profesor de matemáticas, biologia o física, salvo contadas excepciones, quedará fuera del ámbito de la libertad de cátedra; por tanto, no se tratará de armonizar esta libertad con la neutralidad o el ideario, sino de que el docente se dedique a su actividad académica y reserve sus inquietudes de otra índole a otros espacios" (p. 122).

[63] Cfr. as considerações tecidas por L. COTINO HUESO (**La libertad...**, *cit.*, p. 241) a propósito da tendencial diminuição das restrições à liberdade de expressão do docente à medida que se progride para graus de ensino mais elevados, em virtude da atenuação da necessidade de protecção de interlocutores com cada vez maior capacidade de discernimento e espírito crítico.

[64] Como realça L. COTINO HUESO (**La libertad...**, *cit.*, p. 238), "(...) la educación supone un proceso de socialización del individuo, lo cual impide y excluye una formación aséptica en conocimientos ideológicos, valores morales y principios éticos".

A criação e manutenção de estabelecimentos de ensino público passa pela sua dotação de meios humanos, constituídos por pessoal docente e discente – artigos 30.º e seguintes da LBSE – e meios materiais, desde edifícios escolares e material escolar (livros, equipamentos de laboratório, instrumentos musicais, equipamento de desporto) – cfr. os artigos 37.º seguintes da LBSE. Estes recursos são financiados pelo Orçamento do Estado, no que toca ao ensino secundário e pelas autarquias, no que respeita aos recursos materiais afectos ao ensino básico (e pré-escolar) – artigos 42.º da LBSE, e 13.º/1/d), 14.º/1/c) e 19.º/1/b) da Lei 159/99, de 14 de Setembro[65].

Elemento central do serviço público de ensino é a prestação lectiva, a qual pode ser *fraccionada* em duas dimensões:

– *material*: a prestação lectiva deve ser gratuitamente assegurada a todas as crianças legalmente residentes em Portugal (cfr. o artigo 15.º/1 da CRP), de forma contínua – no período correspondente à duração do ano lectivo e com respeito pelas interrupções legalmente estipuladas –, alheia a qualquer tipo de doutrinação ideológica, política, religiosa (cfr. o artigo 43.º/3 da CRP), e adequada a eventuais necessidades especiais (artigo 74.º/1/g) da CRP;

– *formal*: a prestação lectiva deve ser produzida em instalações concebidas para tal fim – salas bem dimensionadas, luminosas, sem obstáculos visuais, resistentes ao frio e ao calor –, dotadas de equipamentos que facilitem a apreensão dos conteúdos lectivos (quadros; tela de projecção de diapositivos ou transparências; computadores com *powerpoint*), bem como dos equipamentos necessários à aprendizagem das matérias curriculares (microscópios; lupas; mapas). Sem estes requisitos – aqui enunciados sem pretensão de exaustividade –, dificilmente a mensagem lectiva será apreendida pela generalidade dos destinatários[66].

---

[65] Sublinhe-se que o artigo 4.º/3 da Lei 159/99 prevê a dotação das autarquias com verbas a transferir do Orçamento de Estado para lhes dar capacidade efectiva de fazer face ao magno acréscimo de tarefas em que a lei as investe. Lamentavelmente, até hoje, ainda nenhuma Lei do Orçamento determinou a transferência de tal verba.

[66] Neste sentido, L. COTINO HUESO (**La libertad...**, *cit.*, p. 222) afirmando que o direito à educação tem "mínimos prestacionales infranqueables (gratuitidad, enseñanza básica) y, según las disponibilidades materiales, permite alcanzar mayores cotas prestacionales" (v. também pp. 223, 224).

Do que antecede, facilmente se depreende que a criação e manutenção de um serviço público de educação e ensino assenta em condições humanas e materiais indispensáveis à recognoscibilidade da actividade prestada. O imperativo da "qualidade de ensino" que se desprende dos artigos 74.º/1 e 76.º/2 da CRP[67], e que tem eco no artigo 13.º/a) do EAENS, não se basta, todavia, com estes pressupostos de fornecimento formal do serviço. Como sublinha EMBID IRUJO, o problema já não é só proporcionar uma vaga a cada estudante, mas também tentar promover um ensino cada vez melhor – em suma, a acção da Administração educativa deve mover-se no sentido de gerar níveis crescentes de qualidade de ensino[68].

Mas, o que caracteriza, então, a qualidade do ensino?

A resposta a esta interrogação enfrenta, à partida, um obstáculo essencial: o da **imaterialidade da prestação lectiva**. Este facto complica a aferição da sua aptidão para a satisfação da necessidade (utilidade) e do grau de satisfação com a que satisfaz (qualidade), dado que a transmissão do conhecimento não se concretiza, em regra, num resultado imediatamente aferível pelos sentidos (ao contrário da atribuição de uma pensão; da deslocação num meio de transporte colectivo; do fornecimento de refeições a cidadãos carenciados). Como avaliar a qualidade de uma prestação imaterial?

Uma segunda dificuldade prende-se com **o momento de aferição do grau de satisfação do utilizador**: pelos resultados, a montante – avaliação do desempenho escolar, através da avaliação do aluno – ou a jusante – efectiva inserção no mercado de trabalho, mesmo sem frequência de estabelecimento de ensino superior ou politécnico? Complexo se torna, com efeito, fixar o *factor-teste* da qualidade da prestação lectiva fornecida ao longo de anos, uma vez que uma aparente boa formação pode, por razões económicas conjunturais, não ter sequência no acesso à profissão desejada e, em contrapartida e pelas mesmas razões, agora invertidas,

---

[67] Esta última disposição é aplicável ao ensino superior. No entanto, como realçou PAULO OTERO na sua breve intervenção no segundo painel do Congresso, um argumento de maioria de razão leva a considerar que, se ao nível universitário a avaliação da qualidade é indispensável (com toda autonomia que a Constituição reconhece nessa sede), terá forçosamente que se concluir que todo o sistema de educação se encontra submetido ao mesmo paradigma.

[68] A. EMBID IRUJO, **La enseñanza...**, *cit.*, p. 67.

uma deficiente formação pode, afinal, propiciar o acesso à profissão pretendida.

E será justo avaliar a qualidade do ensino ministrado a partir do factor "sucesso escolar", se pensarmos que certas escolas lidam com população estudantil, oriunda de famílias carenciadas residentes em ambientes problemáticos, desmotivada para o estudo e antes seduzida por actividades ilícitas que facilmente lhes proporcionarão bens de consumo inacessíveis? O que constituirá, nestes casos, um ensino de qualidade, poderá não se identificar com o sucesso escolar mas tão-só com a sensibilização para desenvolver formas de convivência harmoniosa e actividades socialmente úteis. Ter despertado o aluno para outras realidades, ainda que sem sucesso escolar formal é, em alguns casos, uma enorme vitória sobre a adversidade e constitui seguramente uma dimensão qualitativa da prestação educativa fornecida[69]. **Guardar distância de uma visão predominantemente quantitativa** da qualidade pode resultar, portanto, numa terceira dificuldade.

A aferição dos pressupostos da qualidade (e, reflexamente, da responsabilidade pela sua deficiente consecução) enfrenta ainda as barreiras da **subjectividade do aluno** (diferença de critérios de aferição), fortemente condicionada por factores genéticos, sociais e vivenciais. Enfim, a qualidade da prestação de ensino, enquanto resultado de um processo bidireccional, reveste uma complexidade acrescida em face da qualidade de outro tipo de prestações fornecida por serviços públicos de outra natureza.

Em contrapartida, há factores que determinam fatalmente a impossibilidade de obter uma prestação lectiva que satisfaça os níveis mínimos. Pensamos, por exemplo, na **inexistência de pessoal** de apoio às instalações escolares, na **deficiente calafetagem de salas de aula**, na **leccionação em língua estrangeira**, no **deficiente apetrechamento de um ginásio**. Enquanto a avaliação do conteúdo da prestação lectiva reveste bastante complexidade, já a análise da forma como ela é veiculada e o contexto material em que é produzida são factores cujo controlo objectivo é mais facilmente aferível. Sendo certo que a avaliação dos termos subjectivos em que assenta a prestação de ensino é tendencialmente vedada aos tribunais, não é menos verdade que a verificação dos pres-

---

[69] Cfr. as reflexões de P. LAFOND, **A avaliação...**, cit., pp. 13, 14.

supostos objectivos de funcionamento do serviço para efeitos de reacção à sua inexistência ou deficiente funcionamento deve ser confiada, em última linha, ao poder judicial, garante da efectividade dos direitos fundamentais dos cidadãos – se bem que com a prevenção, já enunciada, da razoabilidade do controlo em homenagem ao princípio da reserva do possível (emanação do princípio da solidariedade), que pontifica em sede de Administração de prestação.

A qualidade de ensino é, destarte, uma *realidade dúplice*, na medida em que se desdobra naquilo a que poderíamos chamar **requisitos essenciais** e **acessórios**:

- como requisito essencial, a prestação lectiva – a actividade material de dar aulas desempenhada pelo professor;
- como requisitos acessórios, o contexto, humano e físico, da realização daquela – o aspecto logístico, a existência de equipamentos de apoio às actividades lectivas, a segurança e comodidade das instalações, entre outros.

Para além (ou antes) destes factores imediatos, há ainda, noutra perspectiva, aspectos mediatos que qualificam o ensino como "de qualidade", a que chamaremos **pressupostos endógenos** e **exógenos** da qualidade de ensino:

- por um lado, a formação dos docentes, a actualização da formação, a reflexão crítica sobre o seu desempenho – pressupostos endógenos à prestação lectiva, ou seja, relativos ao docente que a fornece;
- por outro lado, a existência de currículos disciplinares adequados ao fornecimento dos dados do conhecimento essenciais à preparação da criança e do jovem para a compreensão do mundo em que vive, a promoção da orientação vocacional, a realização de acções inspectivas pelos órgãos da Administração educativa e a avaliação, interna (por parte do estabelecimento de ensino) e externa – pressupostos exógenos à prestação lectiva, ou seja, relativos a factores externos ao professor.

Estes dois últimos pressupostos (inspecção e avaliação) funcionam, simultaneamente, como propulsores e controlos da qualidade de ensino.

As indicações provenientes de acções inspectivas e de acções de avaliação, não só ajudam a compreender os défices, como devem ser um importante contributo para a sua superação. Paralelamente, a sua existência constitui um impulso constante no sentido da melhoria do desempenho das escolas, sobretudo se forem sujeitos a divulgação pública, em razão do aspecto motivador (e, no reverso, constrangedor) que lhes subjaz.

A avaliação externa da escola – ou seja, levada a cabo por entidades integradas ou não na Administração educativa, destinada a analisar a adequação dos métodos de ensino e os resultados obtidos por uma determinada escola –, além de constituir um teste de "boas práticas" em face dos órgãos da Administração educativa, impõe-se como forma de compensação do défice de controlo jurisdicional da componente estritamente subjectiva da prestação lectiva por parte dos usuários.

Com efeito, a dificuldade de aferição da dimensão subjectiva da prestação lectiva não deve exonerar a Administração de a proporcionar da melhor forma possível. E quanto mais árduo for o controlo jurisdicional – em razão da natureza da actividade cuja qualidade é sindicada –, mais intenso há-de ser o controlo promovido pelas escolas e entidades com competência inspectiva, numa tentativa de credibilizar o serviço e reduzir a conflitualidade entre os usuários descontentes, demonstrando-lhes que, com os meios disponíveis, se está a fazer o melhor possível. É nesta perspectiva que deve entender-se o imperativo de avaliação das escolas, que a LBSE impõe (artigo 49.º), e a Lei 31/2002, de 20 de Dezembro, desenvolve.

2.1.1. A Lei 31/2002, de 20 de Dezembro, aprova o sistema de avaliação da educação e do ensino não superior. Este diploma surge na sequência de uma série de *avaliações integradas*, realizadas informalmente pela Inspecção-Geral da Educação, nos anos de 2000 a 2002[70]. Estas avaliações pretenderam marcar a diferença entre o tradicional sistema de fiscalização da actuação de professores, alunos e órgãos da escola de acordo com parâmetros de legalidade estrita, e avançar para uma intervenção que aprecie a escola enquanto realidade social e plurifacetada. A avaliação é integrada porque envolve "diferentes objectos de observação, mesmo que pertençam, aparentemente, a facetas distintas da vida da

---

[70] Cfr. a brochura divulgada pelo Ministério da Educação e organizada pela Inspecção-Geral da Educação subordinada ao título **Avaliação integrada das escolas. Apresentação e procedimentos**, Lisboa, 2000.

escola"[71]. A avaliação pretende também ser estratégica, orientada prioritariamente pela aferição de quatro dimensões: "a avaliação de resultados; a organização e gestão escolar; a educação, o ensino e as aprendizagens; e o ambiente educativo interno" – ponderadas pelos factores do contexto familiar e social dos alunos que compõem a população escolar[72].

Pronunciando-se a propósito da avaliação da qualidade de ensino em França, André Claude LAFOND apresentava três razões essenciais para a sua prática crescente: em primeiro lugar, a **pressão da opinião pública**, cada vez mais consciente do papel formador da escola e da estreita ligação entre ensino de qualidade e efectiva igualdade de oportunidades no mercado de trabalho; em segundo lugar, a constatação da **"singularidade" de cada escola**, o reconhecimento de que o estabelecimento de ensino é, mais do que a soma de vários aspectos correlativos (horários, disciplina nas aulas, sucesso escolar, organização dos tempos livres), uma realidade orgânica, viva, que deve ser avaliada como um todo; e, em terceiro lugar e finalmente, a gradual concessão de **autonomia** às escolas – administrativa e pedagógica – que as responsabiliza pelo seu bom uso[73].

Qualquer uma destas razões e todas elas estão subjacentes à Lei 31/2002, que regula o sistema de avaliação da qualidade educativa e de ensino. A credibilidade do sistema de educação junto da população, a valorização da escola enquanto espaço de formação da personalidade e não apenas como local de avaliação de conhecimentos, bem como o aprofundamento da autonomia das escolas através da regulamentação dos processos de gestão democrática no DL 115-A/98, de 4 de Maio, convergiram no sentido de instituir formalmente um quadro de referência para a avaliação da qualidade no sistema educativo.

Uma análise predominantemente descritiva do diploma permite descortinar:

A) O **âmbito** do sistema de avaliação (artigo 2.º/1): estabelecimentos de educação pré-escolar e de ensino básico e secundário, da rede pública, privada, cooperativa e solidária;

---

[71] **Avaliação integrada das escolas. Apresentação e procedimentos,** *cit.*, p. 11.
[72] **Avaliação integrada das escolas. Apresentação e procedimentos,** *cit.*, p. 11.
[73] A. CLAUDE LAFOND, **A avaliação dos estabelecimentos de ensino: novas práticas, novos desafios para as escolas e para a administração,** *in Autonomia, gestão e avaliação das escolas*, Lisboa, 1998, pp. 9 segs, 10 segs.

B) Os **objectivos (mediatos)** do sistema de avaliação (artigo 3.°): promoção da qualidade do ensino; constituição de uma base de informações sobre o funcionamento do sistema educativo; sensibilização dos diferentes membros da comunidade educativa (pais, alunos, professores, pessoal de apoio e autarquias) para a necessidade de incrementar a participação activa no processo educativo e valorização desta participação; promoção da análise comparativa de resultados de sistemas de avaliação estrangeiros; credibilização do desempenho dos estabelecimentos de educação e ensino;

C) A **orgânica** da avaliação (artigo 11.°): composta pela comissão especializada permanente para a avaliação do sistema educativo do Conselho Nacional de Educação[74], e pelos serviços do Ministério da Educação com competência na matéria, de acordo com a lei orgânica – esta missão tem sido, até agora, levada a cabo pela Inspecção-Geral da Educação:

> *i.)* A (inexistente) **comissão especializada permanente** (a criar, nos termos do artigo 17.°, no prazo de 120 dias – o que nunca veio a suceder) tem competência consultiva, cabendo-lhe, por um lado, apreciar: as normas relativas ao processo de auto-avaliação; o plano anual das acções inerentes à avaliação externa; e os resultados dos processos de avaliação interna. Por outro lado, na posse desta informação, incumbe-lhe elaborar pareceres tendentes à introdução de medidas que visem melhorar o funcionamento do sistema educativo[75] – artigo 12.°/1 e 2;
>
> *ii.)* Os **serviços do Ministério da Educação**, isto é, a Inspecção--Geral da Educação, além de assessorarem a comissão especializada, fornecendo-lhe a informação necessária à sua actividade consultiva, são responsáveis pelo planeamento, coordenação, definição de processos, execução e desenvolvimento da avaliação do sistema educativo nacional, fazendo

---

[74] Nos termos do DL 125/82, de 22 de Abril (ratificado, com as alterações introduzidas pela Lei 31/87, de 9 de Julho), o Conselho Nacional de Educação pode, nos termos do regimento, constituir comissões especializadas, a título permanente ou eventual (artigos 13.° e 16.°).

[75] Até hoje, nem a comissão — porque nunca criada —, nem o Conselho Nacional de Educação, emitiram qualquer parecer sobre os relatórios de avaliação nacional que lhe foram submetidos pela Inspecção-Geral da Educação.

incidir os seus esforços sobre a recolha e tratamento da informação com vista à elaboração de um relatório anual e de relatórios trienais, bem como de outra documentação de avaliação, geral ou especializada – artigo 13.°;
D) Os **tipos de avaliação** (artigos 6.° e 8.°):

i.) **Auto-avaliação**: a desenvolver em cada escola ou agrupamento de escolas, em permanência, pelo Conselho Pedagógico sob supervisão do Conselho Executivo, com vista a analisar: o grau de concretização do projecto educativo e os métodos educacionais e de aprendizagem, tendo em consideração as características específicas dos alunos; o nível de execução de actividades escolares propiciadoras de um ambiente harmonioso e interactivo; o desempenho administrativo dos órgãos de gestão; o sucesso escolar, nomeadamente a análise das notas atribuídas aos alunos; o nível de colaboração entre os membros da comunidade educativa;

ii.) **Avaliação externa**: a desenvolver a nível nacional, pelos serviços competentes do Ministério da Educação, com base: nos relatórios de auto-avaliação, devidamente certificados; em relatórios elaborados pela Inspecção-Geral da Educação na sequência de acções de fiscalização; em relatórios emitidos por serviços do próprio Ministério da Educação; e em estudos realizados por pessoas colectivas, públicas ou privadas, de reconhecido mérito – na prática, todavia, a avaliação externa tem sido apenas desenvolvida pela Inspecção-Geral da Educação. Esta avaliação, diferentemente da primeira, não se basta com uma mera descrição do estado da escola, mas pretende aferir a "conformidade normativa das actuações pedagógicas e didácticas e de administração e gestão, bem como de eficácia e eficiência das mesmas" (artigo 8.°/1), numa perspectiva contextualizada e comparada[76];

---

[76] Os dois tipos de avaliação não se opõem, antes se complementam — não sem tensão, no entanto. Como salienta A. Claude LAFOND, o equilíbrio entre ambas é difícil de encontrar, na medida em que:

– "se a avaliação externa não toma suficientemente em linha de conta os esforços desenvolvidos pela escola para ultrapassar os problemas que encontra, se privilegia demasiado os indicadores quantitativos (nomeadamente, os indicadores de resultado em detrimento da observação no terreno e do diálogo) será certamente

E) Os **parâmetros** da avaliação (artigo 9.º):

Qualquer dos dois tipos de avaliação, no sentido de aferir a qualidade do ensino ministrado, deve ter em conta os seguintes aspectos:

i.) o cumprimento da escolaridade obrigatória;
ii.) os resultados escolares, nomeadamente a taxa de sucesso escolar;
iii.) a inserção dos ex-alunos no mercado de trabalho;
iv.) a organização e o desenvolvimento curricular;
v.) a participação da comunidade educativa;
vi.) a organização e os métodos e técnicas de ensino e de aprendizagem;
vii.) os níveis de formação e experiência pedagógica dos docentes;
viii.) a existência, o estado e o nível de utilização dos equipamentos e instalações;
ix.) a eficiência da gestão;
x.) a articulação com o sistema de formação profissional e profissionalizante;
xi.) a colaboração com as autarquias;
xii.) as parcerias com entidades empresariais;
xiii.) a dimensão dos estabelecimentos e o ambiente educativo.

F) Os **objectivos** (**imediatos**) dos resultados do sistema de avaliação:

A interpretação e contextualização dos resultados da avaliação visam a formulação de propostas concretas:

I. Em termos gerais – ou seja, relativamente ao sistema educativo —, sobre:

i.) a organização do sistema educativo;
ii.) a estrutura curricular;

---

um instrumento de controlo útil para a administração central, mas corre o risco de ser vista pelas escolas como uma obrigação inútil e até mesmo desencorajadora;
– se, pelo contrário, a avaliação externa privilegia a vontade de compreender e de ajudar as escolas, esquecendo os aspectos objectivos e quantitativos, arrisca-se a reduzir-se a uma simples actividade de aconselhamento" — **A avaliação**..., *cit.*, p. 24.

iii.) a formação inicial, contínua e especializada dos docentes;
iv.) a autonomia, administração e gestão das secolas;
v.) os incentivos e apoios à rede de escolas;
vi.) a rede escolar;
vii.) a articulação entre o sistema de ensino e o sistema de formação profissional;
viii.) o regime de avaliação dos alunos.

II. Em termos específicos – relativamente a uma determinada escola ou agrupamento de escolas – sobre:

i.) o projecto educativo;
ii.) o plano de desenvolvimento a médio e longo prazo;
iii.) o programa de actividades;
iv.) a interacção com a comunidade educativa;
v.) a programas de formação;
vi.) a organização das actividades lectivas;
vii.) a gestão de recursos.

G) A **publicidade** dos resultados da avaliação (artigo 16.º): a divulgação dos resultados dos processos de avaliação, coligidos e objecto de análise integrada pelos serviços do Ministério da Educação, deve ser feita com "o objectivo de disponibilizar aos cidadãos em geral e às comunidades educativas em particular uma visão extensiva, actualizada, criticamente reflectiva e comparada internacionalmente do sistema português".

Resulta deste diploma um intuito de garantir a qualidade do serviço público de educação e ensino, bem assim como a promoção da introdução de melhorias, sempre que necessárias e sob a reserva do técnica e financeiramente possível. Complementada pela avaliação externa, a avaliação interna constitui o ponto de partida do sistema – é a própria escola que se debruça sobre o seu funcionamento, num esforço de auto-crítica que irá depois ser analisado pela Administração educativa ao nível central, concretamente pela Inspecção-Geral da Educação, individual e comparativamente. Este serviço assume-se, na prática, como a "consciência crítica" do sistema educativo[77].

---

[77] A expressão é de E. GONÇALVES DA ROCHA, **Avaliação de dentro para fora e**

A avaliação do sistema educativo apresenta-se, enfim, como expressão e concretização da tarefa estadual de promover a educação e a cultura, e de providenciar prestações de ensino a todos os cidadãos com vista à sua plena integração e participação na sociedade democrática.

2.2. É inquestionável a vontade do legislador, constitucional e legal, de imprimir padrões de satisfação óptima das necessidades colectivas, embora tal desígnio se fique, muitas vezes, pela manifestação da intenção, por força do esforço financeiro que certos níveis de qualidade implicam. Paradoxalmente, todavia, o custo imediato que certas medidas podem implicar – *v.g.*, redução da *ratio* professor/aluno, com a consequente necessidade de contratar mais professores, construir mais escolas, dotá-las de mais equipamento... – traduzir-se-ia numa mais-valia num futuro próximo, na medida em que tal mudança geraria uma maior proximidade entre o docente e o aluno, a possibilidade de dedicar mais atenção a cada aluno, enfim, uma maior personalização do ensino que reverteria numa maior motivação e em melhores resultados de aprendizagem. Infelizmente, a pressão da contenção orçamental e a eleição de outros interesses públicos como prioridades fazem dispersar a atenção da absoluta essencialidade do bom funcionamento do sistema educativo com vista à sustentabilidade da democracia e da economia do Estado. A qualidade do ensino só *rende* a médio e longo prazo, o que constitui um factor de desmobilização da generalidade dos governantes.

Promover a qualidade do ensino é, insista-se, uma tarefa do Estado, como o atestam os artigos 9.º/f), 81.º/b) e l), 73.º/2, 74.º/2, e 75.º, da CRP, além do já referido artigo 49.º da LBSE, agora concretizado na Lei 31/2002, de 20 de Dezembro. Esta dimensão objectiva tem um contraponto na consagração da liberdade de aprender (artigo 43.º/1 da CRP) e no reconhecimento de um "direito ao ensino com garantia do direito à igualdade de oportunidades de acesso e êxito escolar" (artigo 74.º/1 da CRP). Poderemos daqui retirar a existência de um "direito fundamental" à qualidade de ensino, tal como parece decorrer do artigo 13.º/1 do EAENS?

Como já observámos, no artigo 74.º/1 da CRP como que se sobrepõem duas realidades: por um lado, o direito de aprender e, por outro lado,

---

avaliação de fora para dentro, in Actas da *1ª Conferência Nacional da Inspecção-Geral da Educação*, Lisboa, 1999, pp. 137 segs, 137.

o direito a que a prestação de ensino (que não esgota aquele direito) seja leccionada em condições que satisfaçam o melhor possível as expectativas do aluno. A primeira teria uma vertente negativa – impossibilidade, para o Estado e para terceiros, de se oporem ao exercício da liberdade de aprendizagem do jovem, independentemente da forma como esta se processe (ressalvados os limites do socialmente razoável) —, enquanto a segunda revelaria sobretudo uma vertente positiva – possibilidade de exigir do Estado a realização de acções materiais no sentido da concretização do direito. Esta duplicidade é tributária, já se vê, da teoria dos direitos fundamentais e da tradicional distinção entre direitos, liberdades e garantias e direitos económicos, sociais e culturais, acolhida, de resto, pela nossa Lei Fundamental.

Não cabe aqui desenvolver esta problemática, já objecto de tratamento em obras da especialidade e recentemente alvo de estudo exaustivo por REIS NOVAIS[78]. Ao contrário da orientação clássica, torna-se hoje clara a tendencial fusão das duas categorias[79], pelo menos a partir do momento em que o legislador confere operatividade jurídica e prática aos comandos constitucionais relativos aos direitos sociais, e os titulares destes se habituam a contar com as utilidades ou prestações que dessa instituição decorrem[80]. Se até à implementação eles são direitos sob condição suspensiva[81], a partir do momento em que ganham consistência fáctica, a

---

[78] Cfr. J. REIS NOVAIS, **As restrições aos direitos fundamentais não expressamente autorizadas pela Constituição**, Coimbra, 2002, pp. 57 segs.

[79] Em sentido idêntico, J. C. VIEIRA DE ANDRADE afirma que "apesar de estarem sujeitos a um regime constitucional diferente, os direitos económicos, sociais e culturais não constituem uma categoria de natureza radicalmente distinta dos direitos, liberdades e garantias" — **Os direitos fundamentais na Constituição portuguesa de 1976**, 2ª ed., Coimbra, 2001, pp. 371 e 395.

[80] "(...) se a diferença específica dos direitos sociais relativamente aos direitos de liberdade reside *apenas* (embora não seja pouco) na indeterminabilidade constitucional e na *reserva do possível*, não há lugar para distinguir entre os dois tipos de direitos no plano da sua força vinculativa quando a ordem jurídica já alcançou um grau suficiente de determinabilidade para o conteúdo do direito fundamental e não há razões objectivas para activar a reserva do possível que, à partida, condicionava a sua eficácia" — J. REIS NOVAIS, **Os princípios...**, *cit.*, p. 306.

[81] O que não impede as normas constitucionais habilitativas de, na sua vertente objectiva, provocarem, quer efeitos propulsivos (são *normas impositivas de legislação,* na terminologia de J. C. VIEIRA DE ANDRADE, **Os direitos...**, *cit.*, p. 373), quer efeitos inibitórios de actuações legislativas que possam entravar a sua implementação.
É que, mesmo quando se aceita a tese de que o direito social é judicialmente exi-

sua determinabilidade é idêntica à dos direitos, liberdades e garantias, nomeadamente em sede de exigibilidade judicial (ressalvadas, no entanto, as intrínsecas diferenças estruturais). O direito ao ensino não escaparia, destarte, a esta assimilação, uma vez criado e praticamente implementado o sistema de ensino ao nível nacional através de uma rede de escolas que satisfaz as necessidades da população.

O Estado deve ser responsável pelas expectativas criadas – o que não significa que, em situações-limite, de estrangulamento financeiro extremo, não seja aceitável a redução, suspensão ou mesmo supressão de determinadas prestações, desde que tal operação obedeça aos princípios da igualdade e da dignidade da pessoa humana (salvaguardando-se eventuais discriminações positivas inelimináveis). Esta responsabilidade nada tem a ver com a proibição do retrocesso, como explica REIS NOVAIS, pois tal tolheria inadmissivelmente a liberdade de conformação do legislador democrático. Prende-se, sim, com o princípio da protecção da confiança, pressupondo o enraizamento da atitude de expectativa do cidadão em face da prestação que lhe vem sendo concedida, o nível de comprometimento a que o Estado se vinculou. "Há, em geral, várias modalidades de realização do mesmo direito social; o legislador é sempre livre de fazer escolhas, de determinar o que é que considera mais adequado para dar cumprimento às obrigações constitucionais. Mais, tal como acontece com os direitos, liberdades e garantias, ele pode também restringi-los, mas só o pode fazer desde que tenha justificação para tal; essa justificação tem que ser, todavia, constitucionalmente legítima, não pode resumir-se à mera vontade política, ao capricho ou ao preconceito ideológico"[82].

Ora, a dificuldade de determinação do conteúdo do direito à qualidade de ensino não reside – ou não reside exclusivamente – na indeterminabilidade conjuntural: com efeito, neste momento, não restam dúvidas de que o sistema educativo nacional está implantado, e de que o Estado se obrigou a fornecer prestações educativas e de ensino universais e gratuitas a todos os alunos do ensino básico e secundário. Repousa, isso sim, na sua

---

gível no seu conteúdo mínimo, aquilo que se pretende é salvaguardar um "direito de sobrevivência digna", em termos sanitários, alimentares, habitacionais, educacionais — ou seja, uma tutela do núcleo essencial do direito à vida enquanto expressão do valor da dignidade da pessoa humana. Cfr. J. C. VIEIRA DE ANDRADE, **Os direitos**..., *cit.*, pp. 385 segs, *max.* 388.

[82] J. REIS NOVAIS, **Os princípios**..., *cit.*, p. 311.

tendencial indeterminabilidade estrutural, pelo menos no *núcleo essencial (i)materializado na prestação lectiva*, no acto de transmissão do conhecimento por parte do professor e no acto de apreensão de tal mensagem por parte do aluno.

Na verdade, e ao contrário do que sucede noutros serviços públicos, a qualidade da prestação não se afere unidireccional mas *bidireccionalmente* – ou seja, é o produto da transmissão do saber pelo professor e do processamento intelectual desse saber pelo aluno. Dizer que uma prestação de ensino é de fraca, razoável, boa ou excelente qualidade tenderá a variar de interlocutor para interlocutor (condicionado externa e internamente por inúmeras e diversas variáveis), o que inviabiliza a configuração do conteúdo do direito, pela positiva. E mesmo fora da comunidade educativa haverá quem faça diferentes juízos sobre o nível de qualidade de ensino praticado em determinada escola[83].

Todavia, se o subjectivismo aliado à noção de qualidade atinge o seu pico na avaliação do âmago da prestação lectiva – interacção entre o saber transmitido e o saber apreendido –, já no plano da recognoscibilidade da mensagem lectiva, da possibilidade efectiva da sua compreensão, das condições materiais em que ela é prestada, do ambiente global que a rodeia (dentro e fora da sala de aula), topamos com factores que revestem mais objectividade e que permitem levar a cabo um controlo externo, isto é, jurisdicional. Desde o acesso em condições de igualdade de oportunidades

---

[83] Como sublinha RUI SANTIAGO (**O conceito de qualidade no ensino superior**, *in A avaliação na Administração Pública*, INA, 1998, pp. 355 segs, 367), a qualidade é um conceito multisignificativo: "Provavelmente, para a administração central interessa que o ensino superior seja frequentado pelo maior número possível de estudantes, em cursos representados como pertinentes atendendo a um dado contexto económico, social e cultural, num determinado espaço de tempo, tendo seguido uma formação inicial ou pós-graduada reconhecida pelo exterior e com custos baixos. Os empresários interessar-se-iam pelo perfil profissionalizante dos alunos no domínio de um determinado número de competências que (...) poderão abranger competências sociais e de relacionamento interpessoal. Os alunos estariam preocupados com o seu desenvolvimento pessoal e profissional, e esperariam igualmente que o ensino superior constituísse um suporte para estratégias de promoção social. Por fim, os professores representariam a qualidade em referência a um estilo de ensino mais ou menos dominante em termos académicos, a um determinado estilo de aprendizagem dos alunos e a uma certa visão da ciência, da investigação e das funções da própria universidade". Estas considerações, se bem que tecidas a propósito do ensino superior, são transponíveis, com adaptações, para o ensino secundário.

à frequência com aproveitamento, o Estado (e as autarquias, naquilo que constar das suas atribuições) investe o aluno num conjunto de expectativas quanto à continuidade da prestação lectiva que podem resumir-se num "mínimo educacional garantido". A dimensão subjectiva da prestação de ensino, por um lado, e a reserva do financeiramente possível em sede de serviço público, por outro lado, fazem com que este mínimo deva ser controlado... pelo mínimo.

2.3. A justiciabilidade do direito à qualidade de ensino prende-se intimamente com os princípios da igualdade (artigo 13.º da CRP) e da solidariedade (artigos 1.º e 81.º/a), b) e e) da CRP). O imperativo de promoção da igualdade adstringe o Estado a satisfazer em medida idêntica as necessidades de cidadãos em idênticas circunstâncias e em medida diversa aqueles cuja diferença o justificar: O princípio da solidariedade justifica uma atitude de contenção em face de objectivos demasiado ambiciosos na realização daqueles direitos, por força da escassez dos recursos e da necessidade de contemplar todos – os potenciais usuários – por igual, ressalvados os casos de discriminações positivas.

Conforme sublinha CASALTA NABAIS, "todos os direitos, porque não são dádiva divina nem frutos da natureza, porque não são auto-realizáveis nem podem ser realisticamente protegidos num estado falido ou incapacitado, implicam a cooperação social e a responsabilidade individual"[84]. Em suma: têm um custo público. A exigência de qualidade de ensino não pode ser alheia a estas considerações: atingir a qualidade máxima é, não só tendencialmente impossível de determinar (uma vez que os critérios de aferição do padrão se multiplicam *ad infinitum*), como se afigura irrealizável do ponto de vista financeiro.

Obviamente que constituiria uma enorme melhoria da qualidade de ensino dos alunos a instalação de aparelhos de ar condicionado nas salas de aula, a instalação de candeeiros de luz presencial nas carteiras, a redução do número de alunos por turma a 10, a existência de espaços verdes nos recreios, a garantia da impermeabilidade da escola face a elementos estranhos e potencialmente perigosos... mas isso seria uma escola de sonho.

---

[84] J. CASALTA NABAIS, **A face oculta dos direitos fundamentais: os deveres e os custos dos direitos**, in *Estudos em homenagem ao Conselheiro José Manuel Cardoso da Costa*, I, Coimbra, 2003, pp. 737 segs, 749.

A forma preferencial de controlar a qualidade é a avaliação pelas escolas, pelo Ministério da Educação, ou mesmo por organismos devidamente credenciados. É um controlo feito por quem está especialmente ciente da realidade educativa, conhece os problemas e está capacitado para propor soluções. A verificação dos parâmetros enunciados no artigo 9.º da Lei 31/2002, de 20 de Dezembro, constituirá a melhor maneira de compulsar, de forma sistemática, o grau de eficácia com que a mensagem lectiva se transmite, as condições em que ela é veiculada, o empenho dos membros da comunidade educativa na realização desse objectivo, o "retorno" que o mercado de trabalho propicia. Realce-se, todavia, a necessidade de combater a tendência natural para sobrevalorizar o factor sucesso escolar dos alunos, ou a taxa de inserção no mercado de trabalho como aspectos de valorização da prestação global de ensino numa determinada escola, quando o contexto social em que ela se insere pode constituir um elemento perturbador determinante da não verificação de "bons" resultados, penalizando-a injustamente.

Pontualmente, poderá haver problemas que o sistema de avaliação não pode resolver, ou não pode resolver prontamente. As ausências frequentes de um docente, a sua inabilidade para impor a disciplina na sala de aula, a transmissão reiterada de dados errados ou incompletos, são motivos de reacção por parte dos órgãos directivos da escola, nomeadamente através de procedimentos disciplinares. E na inércia destes, os interessados – pais e encarregados de educação – deverão "apelar" para os órgãos de tutela, requerendo a substituição do docente. A solução interna – leia-se: dentro da estrutura da Administração educativa – será sempre preferível à via judicial, na medida em que a componente de avaliação técnica eventualmente subjacente ao litígio gerará resistências junto dos juízes.

Haverá situações, no entanto, em que, perante a inércia das vias internas e em face da grave deficiência da prestação de ensino, quer no tocante aos requisitos directos, quer aos indirectos (*supra*, **2.1.**), o aluno – ou, na maioria dos casos, por força da menoridade deste, os seus pais ou encarregados de educação – se verá forçado a tentar judicialmente a correcção da situação. É um caminho tortuoso. Por um lado, a dificuldade de caracterizar, em termos universais, a "qualidade de ensino", *acantona* o juiz na aferição, o mais objectiva possível, do "mínimo educacional garantido", ou seja, daquilo que define a recognoscibilidade de uma prestação lectiva e do seu contexto essencial – é um controlo mínimo (no sentido de objectivável) do mínimo. Por outro lado, porque mesmo este "mínimo educacional garantido" pode sofrer, ainda que excepcionalmente, restrições, de intensidade variável, devido à inexistência de meios de financiamento – é um controlo sob reserva do financeiramente possível. Enfim, a tecnicidade da dimensão imaterial da prestação lectiva constitui um obstáculo para o julgador, que não se sentirá habilitado para avaliar métodos de ensino ou conteúdos curriculares – é um controlo limitado (aos aspectos flagrantemente incompatíveis com uma prestação lectiva razoavelmente qualificável como tal)[85].

A jurisdição administrativa será competente – uma vez que falamos de escolas públicas (cfr. os artigos 212.º/3 da CRP e 1.º/1 do Estatuto dos Tribunais Administrativos e Fiscais). O contencioso administrativo abre-se actualmente a formas multifacetadas de tutela, albergando a acção administrativa comum pedidos de condenação em prestações de *facere* e *non facere*, pedidos de ressarcimento, pedidos de reconhecimento de situações jurídicas (artigo 37.º/2 do CPTA) – *v.g.*, pedido de condenação de uma escola à construção de um ginásio; pedido de pagamento de uma indemnização por não leccionação, durante um ano lectivo, da disciplina de Matemática; pedido de reconhecimento de uma equivalência de cursos para efeitos de ingresso no sistema de ensino nacional. Além disso, no capítulo das providências cautelares (cfr. o artigo 112.º do CPTA), há também uma panóplia de medidas potencialmente adequadas a promover remédio urgente para situações de défice na prestação lectiva – *v.g.*, suspensão da eficácia de uma sanção de expulsão por manifesta ilegalidade na sua aplicação; admissão provisória a um exame; autorização provisória de matrícula; intimação a um professor para que corrija os trabalhos e exercícios de um determinado aluno; regulação provisória do pagamento de quantias relativas a acção social escolar (artigo 133.º do CPTA). Quer as acções principais, quer as cautelares, poderão ser interpostas por autores singulares ou actuando em litisconsórcio, caso a pretensão se multiplique por mais do que um aluno e tenha por base os mesmos factos – artigos 12.º/1 e (para processos em massa) 48.º do CPTA.

---

[85] Cfr. o (mau) exemplo (real) referido por L. COTINO HUESO (**La libertad...**, *cit.*, p. 246), de um aluno universitário que demandou judicialmente a Faculdade de Direito em que frequentava o 5.º ano, exigindo a condenação da instituição à criação de uma disciplina de Direito Internacional, de acordo com um programa da sua autoria! O Tribunal desatendeu a pretensão, julgando-a totalmente irrazoável.

Qualquer destes exemplos é meramente teórico – isto é, não significa que, em face dos dados concretos, a acção ou a providência obtenha ganho de causa. Especialmente melindrosos se afiguram os casos de indemnização por alegada falta de qualidade do ensino ministrado[86] – mas só em situações-limite como, por exemplo, a formação básica sem frequência de aulas de Educação Física, ou a inexistência de professor de uma cadeira nuclear no ano imediatamente anterior à candidatura ao ensino superior. Concebemos estes exemplos porque neles se torna particularmente identificável a inobservância de parâmetros mínimos do "mínimo educacional garantido", bem como a consistência do prejuízo. Naturalmente que começar as aulas de uma disciplina três meses após o início do ano lectivo por falta de professor, ou perder um período lectivo em virtude de gripes constantes contraídas em salas de aula mal calafetadas são situações que causam dano e prejudicam a obtenção de prestações lectivas (de qualidade). Mas o cômputo desse dano pode ser difícil ou mesmo impossível, na medida em que poderá só se revelar muito tempo depois de ocorrido o facto lesivo[87], e entremeado com uma série de factores eventualmente perturbadores do nexo de causalidade indispensável ao apuramento da responsabilidade (por facto ilícito).

Duvidosa é a susceptibilidade de utilização do instituto da "acção" popular (legitimidade popular, como preferimos) na prevenção, remoção e ressarcimento de situações que atentem contra a qualidade de ensino. A abertura da Lei 83/95, de 31 de Agosto (Lei da participação procedimental e da acção popular), que no artigo 1.º/2 contempla uma enumeração exemplificativa dos interesses colectivos passíveis de ser defendidos, e a natureza inquestionavelmente colectiva do interesse – em virtude da sua conexão com os objectivos da sustentabilidade da democracia,

---

[86] Curiosa é a situação noticiada no *Courrier Internacional* n.º 26, 2005, a p. 47, sob o título **No desemprego? A culpa é da escola!** (transcita de *The telegraph*, Calcutá). Trata-se de um cidadão indiano que demandou o Estado numa acção de efectivação da responsabilidade por deficiente formação da escola que frequentou, alegando que a institucionalização da prática da cópia pelos alunos, com benção dos professores e de conhecimento generalizado, terá sido a responsável pela sua má formação.

[87] Há que ter em consideração os prazos prescricionais das acções de responsabilidade, estabelecidos no artigo 498.º do Código Civil, que fixa em três anos (contados a partir do momento em que o lesado teve consciência da lesão) o prazo limite de propositura de uma acção desse tipo, não descartando o prazo máximo de 20 anos fixado pelo artigo 309.º, que prevalecerá nos casos previstos no artigo 311.º/1 do mesmo Código.

representativa e participativa, e da democratização da cultura —, atrairiam a qualidade de ensino para a esfera do instituto. Não descartaríamos liminarmente, pois, a hipótese de uma Associação de pais e encarregados de educação moverem uma acção, cautelar ou principal, contra o Estado, sem qualquer interesse directo na demanda, reclamando a contratação de um professor em falta há seis meses, ou a compra de equipamento necessário para a realização de experiências em disciplinas como Química ou Física. Todavia, a falta de regulamentação para os pedidos ressarcitórios[88] – sempre que a reconstituição natural não seja possível – provoca-nos hesitações, pelo menos quanto a pedidos desse teor.

3. Sendo certo que a Administração de prestação se não basta, hoje, apenas com fazer, mas almeja fazer bem, com eficácia e eficiência, a translação desses conceitos para o serviço público de ensino coloca alguns problemas, em virtude da imaterialidade das prestações lectivas, do conteúdo científico que revestem, da projecção temporal que os seus resultados implicam. No entanto, é possível isolar, casuisticamente, uma espécie de "mínimo educacional garantido", que corresponde, numa primeira esfera, aos elementos de existência do serviço e às condições de acessibilidade de acordo com os parâmetros da igualdade e, numa segunda esfera, aos pressupostos objectivos ou tendencialmente objectiváveis da prestação do serviço.

Nunca é demais sublinhar a dupla dimensão que actualmente envolve a qualidade de ensino: no plano nacional e no plano internacional, especialmente comunitário. A qualidade de ensino, sobretudo superior, tem relação directa com o progresso económico, porque a excelência técnica gera riqueza para o Estado que a promove e, correlativamente, para o espaço económico em que aquele se integra. Mas a educação afigura-se também protagonista no processo de assimilação da identidade europeia através da interiorização dos valores nacionais. E, embora de forma algo paradoxal, é (ou deve ser) um garante dos valores da solidariedade e tolerância em que a Europa se funda[89].

---

[88] Cfr. a nossa crítica ao artigo 22.º da Lei 83/95, de 31 de Agosto em **O *direito ao ambiente* no Brasil: um olhar português**, in *Textos dispersos de Direito do Ambiente*, Lisboa, 2005, pp. 273 segs, 288, 289.

[89] Cfr. A. EMBID IRUJO, **La escuela...**, *cit.*, pp. 499, 500. V. também o nosso **Desclassificação e desqualificação do património cultural: ideias avulsas**, *in RMP*, n.º 101, pp. 9 segs, 49 segs.

Foi conscientemente que nos mantivémos alheios a qualquer consideração política ao longo da exposição – mas, nestas breves notas conclusivas, não podemos deixar de realçar o óbvio: não há qualidade de ensino sem qualidade da política de ensino. A deriva a que esta área de intervenção prioritária do Estado Social de Direito esteve sujeita nos últimos anos – com constantes mudanças de titulares na pasta da Educação e subsequentes arranques e inversões de marcha num percurso que se desejaria tranquilo – em nada contribui para os objectivos que a Constituição traça com clareza.

Deambulações anuais de professores, com todos os custos pessoais que acarretam; encerramento de escolas por redução do número de alunos a 10 ou menos; exames de 9.º ano da disciplina de Português em sistema de teste americano, entre tantos outros exemplos, são factores de inquinam o objectivo da qualidade. É verdade que a lógica dos concursos é essencial à disseminação do corpo docente por regiões mais recônditas, que muito provavelmente não se veriam dotadas de professores para as suas escolas de outra forma. Não é menos certo que sustentar uma escola com 10 alunos não é razoável do ponto de vista do esforço financeiro das autarquias. E o teste americano é uma forma tão boa como qualquer outra de avaliar conhecimentos.

Mas a medida de fixação do professor na escola onde foi colocado por um período mínimo de dois anos, recentemente anunciada, a ser implementada, reduzirá os custos pessoais para os professores, incentivá-los-á a desenvolver as suas funções com mais empenho e gerará uma maior motivação por parte dos alunos. O fecho de escolas é aceitável, mas apenas se as crianças forem alocadas noutro estabelecimento com garantia de transporte gratuito (da responsabilidade da autarquia). Os exames da disciplina nuclear de Português, sob pena de serem uma farsa, devem promover a redacção e não escudar a ignorância sob o sinal da cruz.

Naturalmente que uma grande parte do problema da qualidade do ensino se prende com o financiamento – pelo menos a mais objectivável (equipamentos, pessoal auxiliar, conservação de imóveis, arranjo dos espaços da escola, bem como acções de formação de professores). Com a transferência das atribuições de criação e manutenção do património edificado afecto à educação e ao ensino para as autarquias, a questão da sustentabilidade coloca-se com mais vigor, havendo até notícia de "convites" dirigidos aos encarregados de educação, por parte de Conselhos Executivos, no sentido de os sensibilizar a subsidiar certas actividades da escola...

Nesta sede, é particularmente curiosa a experiência alemã, do estabelecimento de parcerias entre grupos económicos e escolas, trocando verbas por orientação curricular dos alunos nas matérias mais conexas com a integração no mercado de trabalho[90]. Este modelo, com uma disseminação crescente na Alemanha (na Renânia do Norte um terço das escolas secundárias tem uma parceria privada), é transponível para Portugal, onde a Lei 31/2002, de 20 de Dezembro, aponta as parcerias com entidades empresariais como um dos parâmetros de aferição da qualidade de ensino – cfr. o artigo 9.º/l). É de registar, de resto, a iniciativa recente da PT Comunicações, no sentido de introduzir as novas tecnologias na escola, tendo promovido um concurso ao nível nacional – embora o resultado imediato não tenha sido propriamente a celebração de parcerias com qualquer escola, mas apenas a sensibilização para a necessidade de adesão aos métodos de inovação tecnológica como estímulos da aprendizagem.

O modelo dos patrocínios tem, todavia (ou deve ter), limites. A introdução de referências ao papel da empresa na economia do país, em especial, ou a transmissão de conhecimentos ao nível da gestão empresarial, dos investimentos, da competitividade, da protecção do ambiente, em geral, são legítimos. Já irá muito além do mero patrocínio, transformando-se em veículo publicitário[91] e agência de recrutamento dissimulado de empregados, a manipulação dos currículos de certas disciplinas, estritamente orientadas para a formação de futuros quadros da empresa (*v.g.*, a leccionação de História da Siemens desde 1948 até aos nossos dias aos alunos do 3.º ano da escola *Erzbischöftliche Ursulinenschule*, de Colónia).

O EAENS, de resto, contém um argumento esgrimível contra situações deste tipo, ao estabelecer, no artigo 4.º/2, que a escola "enquanto

---

[90] Cfr. o artigo **Patrocínios. OPA sobre os liceus alemães** (excertos de *Die Zeit*, Hamburg), *in Courrier Internacional*, n.º 25, 2005, p. 38.

[91] A dimensão publicitária dos patrocínios deve ser cuidadosamente ponderada, devido à especial permeabilidade dos adolescentes e jovens aos apelos ao consumo dos mais variados bens. Uma reflexão sobre este fenómeno, contextualizada na realidade norte-americana mas imediatamente transponível para o plano europeu foi empreendida por A. ARAÚJO num texto escrito para a revista *Atlântida*, 2005, intitulado "Pequenos devoristas" (gentilmente facultado pelo Autor).

espaço educativo de salvaguarda do direito à educação, (...) é insusceptível de transformação em objecto de pressão para a prossecução de interesses particulares (...)". E se é verdade que a Constituição, no artigo 74.º/2/f), incumbe o Estado, no âmbito da política de ensino, de "inserir as escolas nas comunidades que servem e estabelecer a interligação do ensino e das actividades económicas, sociais e culturais", tal não pode equivaler à substituição do plano curricular e à sua modelação em vista dos interesses económicos de uma determinada empresa, por mais decisivo que o seu apoio financeiro possa ser. A qualidade de ensino é subsidiável, mas não transaccionável.

Lisboa, Outubro de 2005

AUTONOMIA UNIVERSITÁRIA, AVALIAÇÃO DAS UNIVERSIDADES E "POLÍTICA UNIVERSITÁRIA" DO ESTADO

Luís Pereira Coutinho

1. Preliminares

O tema da avaliação da qualidade do ensino universitário – recorrendo, para já, à expressão constante do artigo 76.º, n.º 2, da Constituição – pode, numa perspectiva jurídico-constitucional, ser tratado em dois níveis distintos.

Num primeiro nível, cumpre verificar em que termos a avaliação da qualidade se articula com o direito fundamental à autonomia universitária. Num segundo nível, cumpre verificar em que medida a avaliação da qualidade pode (ou deve) ser integrada no quadro de uma "política universitária" a ser desenvolvida pelo Estado.

2. Autonomia universitária e avaliação das Universidades

A avaliação das Universidades tende a ser encarada como um limite à autonomia universitária. O que terá muitas causas e porventura reflecte uma cultura que tende a dissociar autonomia e exigência, liberdade e responsabilidade.

A perspectiva que aqui se adopta é inteiramente distinta. Com efeito, autonomia e avaliação não devem compreender-se no âmbito de uma relação de tensão ou de conflito. Devem compreender-se, muito pelo contrário, como duas faces da mesma moeda. A respeito da avaliação das Universidades estamos muito mais perante um corolário ou uma consequência necessária da autonomia universitária, do que perante um *limite* a esta última.

A existência de uma relação de perfeita congruência entre autonomia universitária e avaliação resulta demonstrável, desde logo, numa perspectiva de senso comum: uma verdadeira avaliação – *rectius*, uma verdadeira *avaliação externa* – só faz sentido perante o prévio desenvolvimento autónomo de uma determinada actividade.

Numa perspectiva jurídica, a congruência em causa resulta perfeitamente clara a partir da caracterização da autonomia das Universidades Públicas, aquela que – tendo em conta o teor literal do preceito – resulta primacialmente garantida pelo artigo 76.º, n.º 2. Em termos breves, a autonomia universitária – exprimindo a existência de uma realidade corporativa no âmbito de cada Universidade Pública enquanto organismo complexo – significa a susceptibilidade de prossecução de interesses científicos e pedagógicos por intermédio de órgãos próprios, bem como a assunção de uma inerente responsabilidade própria.

Como desenvolvemos noutro local[1], enquanto associações ou corporações de Direito Público (e enquanto pólos de administração autónoma), as Universidades exprimem uma lógica constitucional concretizadora das liberdades de criação científica, de ensinar e de aprender. Com efeito, a plena concretização destas últimas exige que os interesses que se desenham aquando do respectivo exercício em comum no quadro das Universidades (os quais relevam, no essencial, da "gestão científica e pedagógica" do serviço correspondente) sejam configurados como *interesses próprios* da *comunidade de docentes, de investigadores e de estudantes existente em cada Universidade* (a corporação pública universitária ou Universidade em sentido estrito), a serem prosseguidos por intermédio de *órgãos próprios* por aqueles titulados ou designados e *independentemente de poderes condicionantes de intervenção intra-administrativa estadual*[2].

---

[1] Cfr. Luís Pedro Pereira Coutinho, *As Faculdades Normativas Universitárias no Quadro do Direito Fundamental à Autonomia Universitária – O Caso das Universidades Públicas*, Coimbra, 2004, p. 56 segs.

[2] O que se afirma pode entender-se válido *mutatis mutandis* no que diz respeito às Universidades Privadas, caso se entenda estas como organismos complexos que integram

Constitucionalmente, aqueles interesses científicos e pedagógicos *não são assim configurados como interesses estaduais*, mas como interesses da comunidade de docentes, investigadores e estudantes existente em cada Universidade. E, se assim é, a avaliação da qualidade corresponde, *por excelência*, ao momento de efectivação da responsabilidade própria dessa comunidade. Nesse momento, as corporações universitárias são, por assim dizer, confrontadas, tendo de assumir a *responsabilidade* pela *prévia* prossecução *autónoma* dos seus interesses *próprios*.

3. Avaliação da qualidade e tutela de mérito

A total congruência entre autonomia e avaliação torna-se particularmente saliente através da comparação entre dois institutos jurídicos. O instituto da avaliação da qualidade das Universidades e o instituto da tutela de mérito sobre as Universidades[2].

Esta última é incompatível com a autonomia universitária, inserindo-se no quadro dos poderes *condicionantes* de intervenção intra-administrativa constitucionalmente vedados ao Estado. Isto porque, se a administração autónoma postula a prossecução de interesses próprios, é necessariamente de excluir uma actividade estadual que, directa ou indirectamente, condicione a sua oportunidade e conveniência. Nos termos genéricos de VITAL MOREIRA, "se o essencial da administração autónoma

---

corporações científicas e pedagógicas empenhadas no exercício privado de funções públicas. De precisar que este entendimento pressupõe que entendamos "a satisfação do direito ao ensino" como uma função pública (cfr. GOMES CANOTILHO / VITAL MOREIRA, *Constituição da República Portuguesa Anotada*, Coimbra, 1993, p. 369) susceptível de ser prosseguida por entidades privadas nos termos do artigo 75.°, n.° 2, da Constituição. Pressupõe ainda a distinção entre a entidade privada proprietária do estabelecimento de ensino universitário e a corporação universitária formada no âmbito desse mesmo estabelecimento.

[2] De acordo com a definição que preconizamos, a tutela administrativa compreende-se como a actividade de controlo por uma entidade administrativa (ente tutelar) da actividade desenvolvida por outra entidade administrativa (ente tutelado), exercida de acordo com critérios de juridicidade (tutela de legalidade) ou de conveniência (tutela de mérito) e de reacção à ameaça de não cumprimento ou ao não cumprimento efectivo dos mesmos critérios. A mesma actividade é necessariamente exercida por intermédio dos meios expressamente previstos na lei (medidas tutelares)", cfr. *As Faculdades Normativas...*, p. 199.

é a autonomia de orientação político-administrativa, então afigura-se ser incongruente a admissão de outra tutela que não seja a de legalidade". Como prossegue o mesmo Autor, se uma tutela de mérito fosse admitida perante qualquer modalidade de administração autónoma, contornar-se-ia inadmissivelmente o disposto no artigo 199.º, alínea d), da Constituição, tornando-se claro que "a hetero-orientação entraria pela janela, lá onde se pretendeu expulsá-la pela porta"[3].

Se à *tutela de mérito* corresponde uma actividade estadual destinada a garantir que o ente tutelado prossiga os interesses que se lhe encontram confiados de acordo com critérios de oportunidade ou conveniência fixados pelo ente tutelar – não se podendo assim falar num mero reflexo da responsabilidade própria do ente controlado, mas num instrumento de garantia da prossecução, pelo mesmo ente, da "política administrativa" fixada pelo ente controlador – à *avaliação das Universidades* corresponde exclusivamente uma actividade independente, nos termos a precisar adiante, de efectivação da *responsabilidade própria* das corporações universitárias. Isto na medida em que esta responsabilidade se configure como *responsabilidade exógena* (*accountability*, recorrendo à sugestiva expressão inglesa).

Consequentemente, à avaliação das Universidades não podem encontrar-se subjacentes quaisquer critérios relativos aos precisos conteúdos da investigação e do ensino, mas apenas critérios e indicadores, tão objectivos quanto possível, relativos à apreciação e classificação das actividades de investigação e de ensino, ao seu reconhecimento ou ao seu peso relativo[4].

Confirma-se assim que, se a tutela de mérito é incompatível com a autonomia universitária, a avaliação das Universidades apenas faz sentido quando estejamos perante corporações universitárias verdadeiramente

---

[3] Cfr. *Administração Autónoma e Associações Públicas*, Coimbra, 1997, p. 214 e também p. 492-493, 507-508 e 572-573.

[4] A previsão de uma avaliação da qualidade do ensino nestes termos (isto é, enquanto corolário da autonomia das Universidades) vem de encontro à Recomendação europeia n.º 98/561/CE, do Conselho, de 24 de Setembro de 1998 (Jornal Oficial, n.º L 270, de 07/10/98, p. 0056-0059). Na mesma, apela-se aos Estados membros que garantam a "qualidade do ensino superior no contexto económico, social e cultural dos seus países, atendendo simultaneamente à dimensão europeia e à existência de um mundo em rápida evolução", sem prejuízo da "autonomia dos estabelecimentos de ensino superior".

autónomas. Isto é, perante corporações universitárias que, por intermédio de órgãos próprios, prossigam responsavelmente uma actividade susceptível de ser avaliada[5].

O que se afirma tem diferentes consequências e, em particular, consequências organizatórias. Se a avaliação da qualidade das Universidades se destina exclusivamente a efectivar a sua responsabilidade própria pela prossecução dos seus interesses próprios e não a garantir a prossecução de uma "política administrativa" externamente fixada, a mesma avaliação – ao contrário do que sucede com a tutela de mérito – *não pode, em caso algum, caber a órgãos administrativos cuja actuação possa ser comovida por outros interesses que não a avaliação da qualidade em si mesma considerada*. Referimo-nos, em primeiro plano, ao Governo, o qual, enquanto órgão superior da Administração Pública, concentra a actividade tutelar sobre as corporações universitárias, tal como sucede com os restantes organismos de administração autónoma (artigos 182.º e 199.º, alínea *d)*, da Constituição).

Assim, toda a actividade que exceda a mera auto-avaliação, terá necessariamente de caber a "entidades administrativas independentes" – previstas por lei, nos termos do artigo 267.º, n.º 3, da Constituição –, permanentes ou *ad hoc*, cuja composição e regime de funcionamento garantam *a objectividade dos critérios e indicadores de avaliação*, bem como a *imparcialidade dos resultados*[6]. Ao Governo apenas poderá ser atribuída a competência para, em face dos resultados de avaliação obtidos nas condições referidas, retirar dos mesmos as consequências previstas pelo legislador, devendo, a este nível, o exercício de poderes discricionários ser limitado a um mínimo indispensável.

---

[5] No mesmo sentido, cfr. KLAUS LANDFRIED, *The Quality Assessment System in the German Universities*, in AA.VV., *Novas Ideias para a Universidade*, IST, Lisboa, 1998, p. 120 segs.

[6] Assinalando genericamente a vocação das "entidades administrativas independentes" para "assegurar, de um modo escrupulosamente imparcial, a tutela de certos bens jurídicos ou interesses qualificados", em particular os direitos fundamentais, cfr. CARLOS BLANCO DE MORAIS, *As Autoridades Administrativas Independentes na Ordem Jurídica Portuguesa*, Revista da Ordem dos Advogados, I, 2001, p. 101-154, em especial, p. 102 segs. e 119.

4. O regime legal de avaliação das Universidades

É genericamente em obediência às coordenadas referidas nos pontos anteriores que se encontra estruturado o sistema português de avaliação do ensino universitário, fixado pela Lei n.º 38/94, de 21 de Novembro.

Nos respectivos termos:

i) O sistema de avaliação é independente dos serviços do Estado (artigo 10.º, n.º 2);

ii) Cabe ao Ministério com a tutela do ensino superior apenas uma actividade de colaboração com as estruturas de avaliação, traduzida na prestação de informações ou no fornecimento de elementos relevantes (artigo 10.º, n.º 1);

iii) A avaliação é coordenada por entidades representativas das Universidades, apenas para o efeito "reconhecidas" pelo Ministério (artigos 7.º e 11.º);

iv) A avaliação é realizada por "comissões de especialistas" – as quais podem ser qualificadas como órgãos independentes *ad hoc* –, cujos membros não representam o Governo. O intuito prosseguido é o de assegurar a autonomia e a independência da avaliação face ao Governo (artigos 6.º, alínea *a)*, 10.º, n.º 4 e 12.º).

Se os cuidados revelados ao nível da independência do sistema de avaliação relativamente ao Governo se revelam positivos – bem como os cuidados existentes no que diz respeito ao carácter participado e transparente dos procedimentos de avaliação[7] –, o sistema ainda vigente não deixa de merecer reparos.

Em primeiro lugar, não impede uma endogamia perigosa, sobretudo num universo em que solidariedades de há muito estabelecidas e mutuamente reconhecidas não se quebram facilmente[8]. Trata-se de problema que

---

[7] Cfr., por exemplo, artigos 6.º, alíneas *b)*, *c)* e *d)*; 7.º, n.º 1, *in fine* e n.º 2 da Lei n.º 38/94.

[8] Em semelhante quadro de endogamia parecem revelar-se insuficientes ou mesmo vãos os cuidados presentes, por exemplo, no artigo 12.º, n.º 4, em cujos termos "não podem ser designados peritos avaliadores de uma instituição: *a)* Os docentes e os investigadores da instituição a avaliar; *c)* Os titulares de órgãos ou funcionários dessa instituição; *c)* As pessoas que tenham impedimentos de parentesco com titulares de órgãos ou docentes das investigações a avaliar".

não é só nosso, marcando a nível europeu a temática da avaliação das Universidades[9]. Ao ponto de se afirmar que as Universidades europeias, em virtude da respectiva inserção em pequenos contextos nacionais, apenas podem ser objecto de adequada – rigorosamente imparcial – avaliação por instâncias internacionais.

De dizer que, quanto a este ponto, se revelam inteiramente positivas as intenções expressas no sentido de envolver no processo de avaliação das Universidades portuguesas "organizações internacionais de experiência e idoneidade reconhecidas, como a Organização para a Cooperação e Desenvolvimento Económico (OCDE), a Rede Europeia para a Garantia da Qualidade no Ensino Superior (ENQA), a Associação Europeia das Universidades (AEU), assim como a Associação Europeia de Instituições de Ensino Superior (Eurashe)". No momento presente, trata-se, no entanto, ainda de intenções programáticas sem a necessária tradução jurídica, permanecendo, para já em vigor o regime constante da citada Lei n.º 38/94[10].

Outra crítica a dirigir ao sistema ainda vigente prende-se com a atribuição ao Governo de um porventura excessivo grau de discricionariedade na tomada de medidas em face dos resultados de avaliação. Com efeito, nos termos do artigo 5.º, n.º 1, "os resultados da avaliação serão considerados para o efeito da aplicação de medidas adequadas à natureza das actividades avaliadas", nomeadamente, o "reforço do financiamento público", o "estímulo à criação de novos cursos ou desenvolvimento dos cursos existentes" o "reforço do apoio a actividades de investigação científica" ou a "celebração de planos de desenvolvimento". Por seu turno, nos termos do artigo 5.º, n.º 2, os resultados da avaliação, "se negativos, podem ainda determinar a aplicação das seguintes medidas: *a)* Redução ou suspensão do financiamento público quando as instituições não aplicarem as recomendações; *b)* Suspensão do registo de cursos, no ensino universitário público; *c)* Revogação da autorização de cursos, no ensino politécnico público; *d)* Revogação da autorização de financiamento de cursos ou de reconhecimento de graus, no ensino superior não público".

---

[9] Cfr. KLAUS LANDFRIED, *The Quality Assessment...*, loc. Cit., p. 120
[10] Cfr. www.portugal.gov.pt/Portal/PT/Governos/Governos_Constitucionais/ /GC17/Ministerios/MCTES. Consulte-se ainda o Despacho n.º 484/2006, DR n.º 6, II Série, de 9 de Janeiro de 2006.

Muito embora se reconheça que a natureza da matéria se compadece com um grau pouco maior de determinação normativa, graus de discricionariedade de decisão e de escolha tão marcadamente amplos convidam, inevitavelmente, à passividade[11].

5. Avaliação das Universidades e "política universitária"

O que ficou dito até ao momento sobre a avaliação das Universidades, não significa que o Estado não possa socorrer-se deste instrumento enquanto meio de promoção de uma qualquer política universitária. Referimo-nos agora, naturalmente, ao Estado-legislador e já não ao Estado-Administração.

Ora, quando o Estado-legislador engendra um sistema de avaliação, tem de saber *o que quer* das Universidades. Só assim, poderá validar parâmetros e critérios de avaliação. E só assim, poderão as Universidades saber em que aspectos têm de merecer reconhecimento.

A este respeito, e em primeiro lugar, deve apontar-se para a infelicidade da expressão constitucional "avaliação da qualidade *do ensino*", em alternativa à expressão avaliação das Universidades. Se não adequadamente lida, a mesma expressão poderia fazer crer que o Estado deve necessariamente parametrizar a avaliação das Universidades como se de quaisquer outros estabelecimentos de ensino se tratasse. Nesse caso, apenas seriam tidos em conta aspectos como os que se relacionam com a qualidade pedagógica, com taxas de sucesso, com a preparação profissional, etc.

Não se entenda mal o que aqui se diz. A Universidade não pode ignorar as solicitações da economia e da sociedade. Não pode deixar de responder a essas solicitações, desenvolvendo cursos adequados à preparação dos graduados para as tarefas que vão desempenhar. E também por isso deve ser avaliada. A própria Constituição refere-se expressamente a uma interligação do sistema de ensino com as actividades económicas, sociais e culturais (artigo 73.º, n.º 1), a "uma articulação entre as instituições científicas e as empresas" (artigo 73.º, n.º 4) ou a uma atenção

---

[11] Para as noções de discricionariedade de decisão e de escolha, cfr. SÉRVULO CORREIA, *Legalidade e Autonomia Contratual nos Contratos Administrativos*, Coimbra, 1987, p. 314.

necessária às "necessidades em quadros qualificados" e à "elevação do nível educativo, cultural e científico do país" (artigo 76.º, n.º 1).

Mas, simultaneamente, avaliar as Universidades *exclusivamente* numa perspectiva utilitária e profissionalizante de curto prazo significará hoje, muito provavelmente, condená-las ao fracasso. Significará esquecer que, para além de uma competição interna, essas enfrentam uma competição internacional – em particular, pelos melhores cientistas e docentes – em que a qualidade da investigação científica desenvolvida é determinante. Investigação científica que, em muitos casos, tem valor em si e por si, independentemente das concretas solicitações imediatas a que responda.

Sublinhe-se que se a avaliação da qualidade se desenvolver exclusivamente com base nos resultados do ensino ou na preparação profissional, a investigação perderá correlativamente relevância. E a autonomia como instrumento de garantia da liberdade dos cientistas decrescerá inevitavelmente em importância também[12].

De resto, tal leitura sempre desconsideraria a tarefa científica que, mesmo constitucionalmente, se espera das Universidades. Para além de desconsiderar que qualidade do ensino e a qualidade da investigação universitárias são duas faces da mesma moeda.

Por tudo isto, em sede de parametrização da avaliação das Universidades, o caminho está aberto para o Estado valorizar mais o que queira valorizar mais. Nenhum mandato constitucional impõe a valorização dos aspectos estritamente pedagógicos ou profissionalizantes sobre os aspectos científicos.

A responsabilidade constitucional é aqui do Estado. E não é certo que, à luz da Lei n.º 38/94, tenha sido exercida da melhor forma. A respeito da "incidência da avaliação", por exemplo, a investigação reali-

---

[12] No mesmo sentido, afirma FRANCESCO MERLONI que, se a avaliação das Universidades se desenvolver exclusivamente com base nos resultados quantitativos de ensino, "a investigação perderá correlativamente relevância. (...) Consequentemente, a autonomia como instrumento de garantia da liberdade dos cientistas decrescerá inevitavelmente em importância". Assim, "o ensino e a qualidade do ensino não devem ser considerados independentemente da capacidade da Universidade para realizar actividade de investigação de qualidade", cfr. *The Independence of Science in the Legal Status of Research Organizations: A European Overview*, in ANDREA BATTAGLINI / ULRICH KARPEN / FRANCESCO MERLONI, *The Independence of Science in Europe*, Baden-Baden, 1999, p. 15 segs.

zada ou o respectivo reconhecimento nacional e internacional surgem indiferenciadamente face à "ligação à comunidade, designadamente através da prestação de serviços e de acção cultural" ou ao "estado das instalações", num quadro em que "o ensino" parece ser o factor privilegiado (artigo 3.º, n.º 2).

Passando agora a outro aspecto, cumpre desenvolver algumas considerações finais relativas à avaliação das Universidades enquanto elemento, entre outros, de uma política de promoção da qualidade universitária.

A este respeito, um ponto essencial deve ser relevado: caso o Estado valorize as Universidades enquanto instituições científicas, como o deve fazer, não poderá apenas fazê-lo por intermédio de um sistema de avaliação, por mais sofisticado que este seja. Muitos outros aspectos do sistema jurídico universitário têm de ser objecto de atenção.

Aliás, conceber isoladamente uma lei de avaliação das universidades desatenta ao contexto em que a mesma se insere significará muito provavelmente conceber uma lei inútil. E não se pode deixar de recordar aqui a máxima de MONTESQUIEU: "as leis inúteis enfraquecem as leis necessárias".

Assim, por exemplo, não se pode pedir às Universidades excelência pedagógica ou científica se as mesmas não tiverem qualquer possibilidade de atrair os melhores docentes ou cientistas. Se, pelo contrário, os repudiarem num quadro que tenda a desconsiderar, por exemplo, as especificidades e exigências particulares da carreira universitária. O que inevitavelmente acontece, quando não se atende às necessidades reais de investigação e, sobretudo, quando não se estimula a competição ou a renovação.

A qualidade, no que às Universidades diz respeito, não é obra de uma qualquer varinha de condão. A sua promoção não pode ser atingida senão de forma integrada.

Esta é uma consciência que tem vindo a ganhar força nos diferentes países europeus. Alguns desses países, de há muito que dispõem de sofisticados sistemas de avaliação. Mas apesar disso continuam a ser confrontados com um diagnóstico: o de que *as contemporâneas Universidades europeias de massas não são Universidades competitivas.* Pelo menos se continuarem a ser encaradas como ainda o são. Isto é, como serviços indiferenciados entre si e como serviços indiferenciados face a outros serviços públicos prestadores, subtraídos a imperativos de competitividade e destinados a acolher o maior número possível pelo menor custo possível[13]/[14].

Conclusão

A Constituição molda um sistema em que as responsabilidades se encontram divididas. Assim, cumpre às Universidades assumir a responsabilidade pela prossecução autónoma das respectivas tarefas científicas e pedagógicas, sendo por isso avaliadas. Ao Estado – sobretudo ao Estado-legislador – cumpre a responsabilidade de estabelecer um sistema independente de avaliação, valorizando o que entenda valorizar e assumindo as inerentes consequências. Tendo presente, no entanto, que uma política de promoção da qualidade universitária não se esgota, nem se pode esgotar, num sistema de avaliação da qualidade.

---

[13] Verifique-se o diagnóstico negro apresentado no conjunto de relatórios publicados sob o título *A Survey on Universities* na edição impressa da revista *The Economist* de 8 de Setembro de 2005. O mesmo relatório pode ser consultado em www.theeconomist.co/uk.

[14] A recente Lei n.º 49/2005, de 30 de Agosto – que altera a Lei de Bases do Sistema Educativo e a Lei de Bases do Financiamento do Ensino Superior – parece introduzir algumas inovações interessantes e que se orientam no bom sentido. Assim, por exemplo, parecem, pela primeira vez, individualizar-se claramente as Universidades aptas à concessão do grau de doutor, determinando-se que "só podem conferir um dado grau académico numa determinada área os estabelecimentos de ensino superior que disponham de um corpo docente próprio, qualificado nessa área, e dos demais recursos humanos e materiais que garantam o nível e a qualidade da formação adquirida" e que "demonstrem possuir, nessa área, os recursos humanos e organizativos necessários à realização de investigação e uma experiência acumulada nesse domínio sujeita a avaliação e concretizada numa produção científica e académica relevantes". Tratar-se-á do primeiro passo no sentido da individualização de, necessariamente poucas, Universidades de excelência capazes de competir em termos internacionais?

O DIREITO FUNDAMENTAL DE ACESSO AO ENSINO SUPERIOR: A "ESTATIZAÇÃO" DE VAGAS NAS UNIVERSIDADES PARTICULARES

Carlos Eduardo Behrmann Rátis Martins[1]

I. Introdução; **II.** Precedentes históricos do direito de acesso ao ensino superior e as primeiras Universidades Portuguesas e Brasileiras; **III.** As Constituições Portuguesas e Brasileiras e o direito de acesso ao ensino superior; **IV.** Natureza jurídica do direito de acesso ao ensino superior; **IV.1.** Do acesso ao ensino superior como direito social especial; **IV.2.** Do acesso ao ensino superior como norma-regra auto-instrumental; **IV.3.** Da não universalidade do direito de acesso ao ensino superior e sua eficácia enquanto direito subjectivo público; **IV.4.** Do mínimo existencial do direito de acesso ao ensino superior e a reserva do possível; **IV.5.** Da tendência à gratuidade do direito de acesso ao ensino superior; **V.** Aplicabilidade e Eficácia da norma constitucional que discorre sobre o Direito de Acesso ao Ensino Superior; **VI.** Da defesa judicial e jurisdicional do acesso ao ensino superior em Portugal e no Brasil; **VII.** Do financiamento pelo Poder Público de vagas nas Universidades Particulares: **VIII.** Da Casuística: Criação do PROUNI – Programa Universidade para Todos; **IX.** Conclusões; **X.** Bibliografia

---

[1] Membro da Associação Brasileira de Direito da Educação. Pós-graduado em Direito Administrativo pela UFBA e em Ciências Internacionais pela Universidade de Lisboa/Portugal. Mestrando em Ciências Jurídicas-Políticas pela Universidade de Lisboa/Portugal. Coordenador e Professor de Direito Constitucional do Curso de Direito da UEFS. Coordenador do Curso de Pós-Graduação em Direito Constitucional da FABAC/CEDIC. Coordenador do CEDIC – Centro de Estudos em Direito Constitucional. Professor de Direito Constitucional e Direito Tributário do Juspodivm.

I. Introdução

Visa o presente artigo discorrer sobre as vicissitudes do direito fundamental de acesso ao ensino superior, tratando em especial sobre a constitucionalidade da manutenção de vagas no ensino superior pelo Poder Público nas instituições particulares.

Buscar-se-á trazer à baila a evolução histórica do direito de acesso ao ensino superior, em especial, através de breve relato sobre as primeiras Universidades Portuguesas e Brasileiras; a previsão da matéria nos textos constitucionais luso-brasileiros; a compreensão sobre a sua natureza jurídica e a aplicabilidade e eficácia das normas constitucionais que têm como conteúdo a sua protecção até a problemática do trabalho, quais sejam as vicissitudes da "estatização"[2] de vagas no ensino superior privado, tendo como "leading case", a medida provisória n.º 213 de 10 de Setembro de 2004 que instituiu o Programa Universidade para Todos – PROUNI, convertida na Lei n.º 11.096 de 11 de janeiro de 2005.

Finalmente, salientar-se-ão breves conclusões sobre tão fascinante assunto, sujeitas a total revisão, que buscarão, acima de tudo, aprimorar os estudos sobre a afirmação e efectivação do direito social de acesso ao ensino superior e a maior proximidade dos ordenamentos lusitano e brasileiro para uma cultura jurídica, cada vez mais, constitucionalmente, unificada, sobre a matéria.

II. Precedentes históricos do direito de acesso ao ensino superior e as primeiras universidades portuguesas e brasileiras

Etimologicamente, a palavra universidade deriva de "universitas", que designava o conjunto de professores e alunos que se reuniam para a transmissão do saber, mas ainda sem sentido de "corporação" em que veio a transformar-se para referir a própria Escola como instituição de estatuto, privilégios e funções[3].

---

[2] O termo "estatização" aqui utilizado tem fins meramente provocativos, substituindo a expressão "financiamento pelo Estado", vez que a Administração Pública há de respeitar a autonomia estatutária, científica, pedagógica, administrativa e financeira das universidades particulares, sem prejuízo de adequada avaliação da qualidade de ensino (CF/88, art. 207; CRP, 76.º).

[3] Cfr. JOAQUIM VERÍSSIMO SERRÃO, *História das Universidades*, 1983, pág. 11.

A expressão universidade substituiu o termo "Studium", que designava os centros escolares, vindo a designar, posteriormente, apenas Faculdade ou conjunto de corpos de ensino ("Studium Generale") que formavam as Universidades[4].

Foi, indubitavelmente, na Idade Média (1200-1220) que as Universidades adquiriram personalidade jurídica, através das "Constitutiones" e dos "Statutas", traduzindo-se no espírito ecuménico e corporativo das novas Escolas, em que pese inúmeros estudos que consagram o seu aparecimento desde a Grécia Antiga. Os núcleos municipais italianos constituíram as formas mais próximas das "Universitas" dos séculos XII e XIII, marcadas pelas linhas bentista e cisteriana[5].

Com efeito, o século XIII é, na Europa Ocidental, o século das Universidades e as primeiras instituições ligaram-se ao nascimento da acção cultural da Igreja nas zonas da Europa mais fortemente marcadas pelo Cristianismo e pelo Direito Romano. A primeira Universidade foi a de Bolonha (Itália), muito festejada pela excelente qualidade no ensino do Direito e cuja organização já se encontrava completa nos finais do século XII. A segunda foi a de Paris, cujos estatutos receberam aprovação papal em 1208 ou 1209. Consistiram, também, em pólos irradiadores fundamentais, as Universidades de Oxford e de Salamanca[6].

Em Portugal, a fundação da primeira Universidade não está suficientemente documentada de modo a não se poder definir, precisamente, a data do início de suas actividades. Entretanto, no final do século XIII, muitos portugueses já tinham frequentado as Universidades espalhadas pela

---

[4] Cumpre salientar as lições de RÔMULO CARVALHO, *História do Ensino em Portugal*, 2001, págs. 56 e 57, ao considerar que "Universidade (Universitas) e Estudo Geral (Studium Generale) não eram sinónimos, embora com o tempo viessem muitas vezes a confundir-se. O Estudo Geral era a própria escola, o edifício onde se encontravam os professores para leccionarem e os alunos para receberem o ensino, e era também a instituição em si mesma, organizada para receber os estudantes que quisessem seguir os estudos, assim como o conjunto dos cursos. A Universidade era uma Corporação, uma assembleia, uma congregação de mestres e alunos, com personalidade jurídica. Na Idade Média, os ofícios estavam congregados em corporações que constituíam confrarias dos indivíduos dedicados à mesma actividade. A Universidade era uma corporação análoga à dos ofícios. Este é o significado histórico da palavra "Universidade": uma organização corporativa de mestre e de alunos. Com o correr dos anos vingou a palavra "Universidade", mantendo o sentido que já tinha e incluindo o de "Estado Geral".

[5] Cfr. JOAQUIM VERÍSSIMO SERRÃO, *cit.*, pág. 12.

[6] Cfr. JOAQUIM VERÍSSIMO SERRÃO, *cit.*, págs. 18 e segs.

Europa e sabiam do papel que elas desempenhavam nas respectivas sociedades, consolidando, cada vez mais, o entusiasmo pela criação de uma Universidade Portuguesa[7].

O marco fundacional da Universidade Portuguesa é 12 de Novembro de 1288, pois neste data um grupo de prelados portugueses, das primeiras filas da hierarquia escolástica, encaminharam ao papa um documento informando-o que resolveram criar um "Estudo Geral" em Lisboa, que já havia sido autorizado pelo Rei D. Dinis, solicitando o seu beneplácito, e, cuja resposta, aprovando e abençoando a fundação da Universidade Portuguesa, só se fora conhecer quase dois anos depois, quando o estabelecimento já se encontrava em funcionamento normal.

Há de se ressaltar, outrossim, que a génese dos estabelecimentos do ensino superior lusitano é marcada pela transferência precoce do "Estudo Geral" da Cidade de Lisboa para a Cidade de Coimbra. Menos de vinte anos decorridos após a fundação do "Estudo Geral de Lisboa", D. Dinis solicitou ao papa autorização para que transferisse as actividades do estabelecimento para Coimbra, vez que não considerava Lisboa um lugar apropriado para a sede de uma Universidade e justificava que a Cidade de Coimbra possuía uma posição geográfica privilegiada de grande beleza e amenidade, marcada pela tradição cultural do mosteiro de Santa Cruz e por ser distinguida como morada da Corte.

No Brasil, a tardia criação das Universidades decorreu da política colonialista de exploração que se demonstrou, inicialmente, avessa a qualquer estímulo de criação de estabelecimento de ensino superior no território brasileiro. Apesar dos inúmeros pedidos da Colónia Brasileira a solicitar equiparações de seus colégios às Universidades Portuguesas, as respostas sempre foram negativas sob a alegação de que os estudos poderiam começar no Brasil, mas o último ano deveria ser, necessariamente, em Portugal. Foram os casos dos pedidos das Câmaras da Bahia e de Sabará que tiveram seus pedidos negados.

Logo após a chegada de D. João VI na Cidade de São Salvador, no Estado da Bahia, com a elevação do Brasil à condição de Reino Unido, começaram a se levantar as vozes intelectuais brasileiras pelas instalação de escolas de educação superior, mas sem ainda a implantação de Universidades com personalidades jurídicas próprias.

---

[7] Cfr. RÔMULO DE CARVALHO, cit., págs. 43 e segs.

Com efeito, ainda em 1808, buscando a Coroa Portuguesa permitir o mínimo de condições para sua permanência na promovida Colónia, foram implantados os primeiros cursos de cirurgia na Cidade de São Salvador e outro na Cidade do Rio de Janeiro, para onde depois se deslocaria a família real, onde também fundaria a Academia Real Militar, objectivando ter cuidados mínimos necessários para a sua saúde e uma estrutura militar contra invasões[8]. Entretanto, só após a declaração de Independência do Estado Brasileiro perante a Metrópole Lusitana houve o desdobramento das Universidades Brasileiras, com o aparecimento de faculdades isoladas por todos o país, de carácter federal, tendo como pioneira a Faculdade de Medicina em 1832, em Salvador.

III. As Constituições Portuguesas e Brasileiras e o direito de acesso ao ensino superior

As Constituições Portuguesas e Brasileiras sempre tiveram intrínseca relação. A mútua influência decorre desde a fase do constitucionalismo liberal luso-brasileiro, cumprindo, pois, consignar as lições de JORGE MIRANDA, que ao estabelecer paralelo entre as Constituições Portuguesas e Brasileiras[9], ensina que: a) a Constituição Portuguesa de 1822 foi votada por uma Assembléia Constituinte com deputados eleitos em Portugal e no Brasil, mas não chegou a entrar em vigor na ex-colónia brasileira, pois só foi aprovada em 23 de Setembro, quando desde o dia 7 do ano anterior, já havia sido proclamada sua independência; b) a Constituição Portuguesa de 1826 foi, literalmente, decalcada da Constituição Brasileira de 1824 e feita no Brasil pelo autor desta: D. Pedro I, IV de Portugal, assim como menor não foi a influência da primeira Constituição Republicana Brasileira de 1891 sobre a primeira Constituição Republicana Portuguesa de 1911, principalmente, quanto à fiscalização judicial da constitucionalidade das leis; c) a tendência antiliberal da Constituição Polaca Brasileira de 1937 inspirou a Constituição Salazarista de 1933 e d) o paradigma revolucionário pós-regime autoritário da Constituição Portuguesa de 1976 foi o principal modelo para a elaboração da Cons-

---

[8] Cfr. PENILDON SILVA FILHO, *Educação Superior: Perspectivas e Transformações*, 2003. págs. 209 e segs.

[9] Cfr. *Teoria do Estado e da Constituição*, 2002, p. 144 e ss.

tituição Brasileira de 1988, consistindo, entre outros, na extensão das matérias relativas às garantias dos direitos individuais e de numerosos direitos sociais, assim como a descentralização e a abundância das normas programáticas.

Todas as Constituições Portuguesas dedicaram ao direito à educação alguma atenção relevante[10], sem desmerecer o direito de acesso ao ensino superior.

Com efeito, desde a primeira Constituição Portuguesa, mesmo que não se tenha feito a expressa menção à palavra universidade, uma vez que, já no início do Século XIX, Portugal já possuía inúmeras instituições de ensino superior espalhadas pelo país, a Constituição Portuguesa de 1822 já estabelecia nos seus artigos 237.º, 238.º e 239.º que em todos os lugares do reino, onde conviesse, haveria escolas suficientemente dotadas, em que fosse ensinado a mocidade Portuguesa de ambos os sexos a ler, escrever, e contar, e o catecismo das obrigações religiosas e civis e que os estabelecimentos de instrução pública seriam para o ensino das ciências e artes.

A palavra universidade apareceu pela primeira vez, no âmbito do ordenamento constitucional português, na Constituição de 1826, no art. 145.º, § 32.º, ao garantir que seriam ensinados elementos de Ciências, Belas Letras e Artes nos Colégios e Universidades, assim como dispunha, no § 30.º, a gratuidade a todos os cidadãos da instrução primária, cujos textos seriam quase que repetidos nos artigos 28.º e 29.º da Constituição de 1838, que acrescentou a liberdade de ensino público a todos os Cidadãos.

Já a primeira Constituição Republicana Portuguesa de 1911 estabeleceu no art. 3.º, n.º 11, que o ensino primário seria obrigatório e gratuito, sem se manifestar quantos aos estabelecimentos de ensino superior.

A Constituição Salazarista de 1933, por sua vez, foi a primeira a estabelecer um Título específico sobre a educação, o ensino e a cultura, preconizando no seu art. 42.º que a educação e a instrução seriam obrigatórias e pertenceriam à família e aos estabelecimentos oficiais ou particulares em cooperação com ela, explicitando no art. 43.º, que o Estado manteria oficialmente escolas primárias, complementares, médias e superiores e institutos de alta cultura.

---

[10] MIRANDA, Jorge. *Manual de Direito Constitucional.* Tomo IV. 3.ª ed. Coimbra: Coimbra editora, 2000, pág. 430.

Foi, entretanto, somente a Constituição de 1976 que discorreu sobre a Universidade e o acesso ao ensino superior, ao tratar, num dos artigos do Título referente aos direitos e deveres económicos, sociais e culturais, a preocupação do legislador constituinte quanto ao regime de acesso e as prerrogativas que gozam as Universidades e às instituições de ensino superior, dispondo, actualmente, um dispositivo exclusivo sobre a matéria (art. 76.º), assim como incumbiu o Estado a obrigação de garantir a todos os cidadãos, segundo as suas capacidades, o acesso aos mais graus elevados de ensino, da investigação científica e da criação artística, bem como estabelecer, progressivamente, a gratuidade do ensino superior.

Das seis revisões constitucionais Portuguesas, somente as revisões de 1982, 1989 e 1997 alteraram algumas expressões da versão inicial da Carta de 1976 sobre a intenção do legislador constituinte em garantir o acesso ao ensino superior. O texto inicial preconizava no art. 76.º que caberia ao Estado estimular e favorecer a entrada na Universidade e trabalhadores e de filhos de trabalhadores. A revisão de 1982 consagrou a autonomia universitária (art. 76.º, n.º 2); a revisão de 1989, por sua vez, substituiu a referência a trabalhadores e filhos de trabalhadores por democratização no acesso à Universidade e às demais instituições de ensino superior (art. 76.º, n.º 1), e revisão de 1997 estabeleceu o texto actual, constitucionalizando a avaliação do ensino superior[11].

No Brasil, apesar do direito à educação estar presente em todas as Cartas Constitucionais, somente a Constituição Federal de 1988 veio a tratar sobre o direito de acesso ao ensino superior, vez que as Constituições anteriores não trouxeram nenhum dispositivo tratando da matéria ou utilizaram, indiscriminadamente, a expressão ensino superior, sem tratar com substância sobre esse direito fundamental.

A Constituição Imperial de 1824 não discorreu sobre o direito de acesso ao ensino superior, quando muito, o art. 179, XXXII estabeleceu que a instrução primária seria gratuita a todos os cidadãos.

Já a primeira Constituição Republica Brasileira de 1891 estabeleceu, no art. 35.º, n.º 3, que incumbia ao Congresso Nacional, mas não privativamente, criar instituições de ensino superior e secundário nos Estados.

Inequivocamente, foi a brevíssima Constituição Getuliana de 1934 que introduziu extenso rol de artigos relativos ao direito à educação e à

---

[11] Cfr. JORGE MIRANDA, *Manual de Direito Constitucional*, Tomo IV, 2000, pág. 432.

cultura num Capítulo próprio, preconizando a protecção do direito de acesso ao ensino superior, ao estabelecer, no art. 150, que competiria à União fixar o plano nacional de educação, compreensivo de todos os graus e ramos, comuns e especializados, assim como coordenar e fiscalizar a sua execução, em todo o território do País; determinar as condições de reconhecimento oficial dos institutos de ensino superior, exercendo sobre eles a necessária fiscalização; manter o ensino superior no Distrito Federal e garantir a sua tendência à gratuidade a fim de torná-lo mais acessível.

A Constituição Polaca de 1937 restringiu diversos direitos fundamentais, entre eles o direito ao acesso ao ensino superior, vez que suprimiu todas as normas constitucionais da Carta anterior que dispunham sobre a matéria, continuando a garantir a obrigatoriedade e gratuidade do ensino primário.

A democrática Constituição de 1946, inspirada no princípio da liberdade e nos ideais de solidariedade humana, estabeleceu no art. 168 que o ensino superior seria gratuito para quantos provarem falta ou insuficiência de recursos, acompanhando os ideais da Constituição de 1934, em instituir um acesso ao ensino superior, tendencialmente, gratuito.

Já a outorgada Constituição de 1967 manteve diversos dispositivos da anterior ordem constitucional, estabelecendo, entretanto que o ensino superior seria gratuito também àqueles que comprovassem falta ou insuficiência de recursos, mas sempre que possível, o Poder Público substituiria o regime de gratuidade pelo de concessão de bolsas de estudo, exigindo o posterior reembolso (art. 168).

A Constituição de 1969 (Emenda Constitucional n.° 01) manteve os dispositivos que tratavam sobre o direito ao ensino superior da Carta anterior, sendo preconizado pela primeira vez que a educação seria direito de todos e dever do Estado (art. 176).

Finalmente, a Carta Cidadã de 1988 que consiste, actualmente, no arcabouço jurídico mais completo e avançado na garantia do direito à educação do mundo, não olvidou de proteger o direito de acesso ao ensino superior, ao estabelecer que é dever do Estado garantir o acesso aos níveis mais elevados do ensino, da pesquisa e da criação artística, segundo a capacidade de cada um (art. 208), bem como preconizou a autonomia didático-científica, administrativa e de gestão patrimonial, obedecendo ao princípio da indissociabilidade entre ensino, pesquisa e extensão (art. 207).

Constata-se, portanto, que a Constituição Federal Brasileira de 1988 teve como fonte imediata na regulação do direito de acesso ao ensino superior a Constituição Portuguesa de 1976, já que os preceitos relativos à matéria quase que são idênticos, entretanto, não foi tão avançada quanto a lusitana, haja vista que somente esta garantiu, expressamente, a progressividade da gratuidade do ensino superior.

No âmbito internacional, dentre os principais documentos que tratam sobre o direito de acesso ao ensino superior, há de se ressaltar a Declaração Universal dos Direitos Humanos de 1948[12] e o Pacto Internacional sobre os Direitos Económicos, Sociais e Culturais de 1966[13].

IV. Vicissitudes do direito de acesso ao ensino superior

IV.1. Do acesso ao ensino superior como direito social especial

O direito à educação é o direito fundamental social[14] que mais identifica a condição humana. Todos os seres vivos realizam, hodier-

---

[12] "Art. 26.º. 1. Toda a pessoa tem direito à educação. A educação deve ser gratuita, pelo menos a correspondente ao ensino elementar fundamental. O ensino elementar é obrigatório. O ensino técnico e profissional deve ser generalizado; o acesso aos estudos superiores deve estar aberto a todos em plena igualdade, em função do seu mérito".

[13] "Art. 13.º. (...) 2. Os Estados Partes no presente Pacto reconhecem que, a fim de assegurar o pleno exercício deste direito: a) o ensino primário deve ser obrigatório e acessível gratuitamente a todos; b) o ensino secundário, nas suas diferentes formas, incluindo o ensino secundário técnico e profissional, deve ser generalizado e tornado acessível a todos por todos os meios apropriados e nomeadamente pela instauração progressiva da educação gratuita; c) o ensino superior deve ser tornado acessível a todos em plena igualdade, em função das capacidades de cada um, por todos os meios apropriados e nomeadamente pela instauração progressiva da educação gratuita".

[14] Para GOMES CANOTILHO, *Tomemos a sério os direitos económicos, sociais e culturais in Estudos sobre Direitos Fundamentais*, 2004, págs. 35-68, sob o ponto de vista jurídico-constitucional, apontam-se quatro possibilidades de conformação jurídica das normas consagradoras de direitos sociais, económicos e culturais são: a) enquanto normas programáticas, pois definiriam os princípios definidores dos fins do Estado, de conteúdo eminentemente social; b) enquanto normas de organização, pois seriam normas constitucionais organizatórias atributivas de competência ao legislador a realização de direitos sociais; c) enquanto garantias institucionais, pois seriam traduzidas numa imposição dirigida ao legislador, obrigando-o, por um lado, a respeitar a essência da instituição e, por outro lado, a protegê-la tendo em atenção os dados sociais, económicos e culturais e d) enquanto direitos subjectivos públicos. Já VIEIRA DE ANDRADE, *Os Direitos*

namente, acções para manter a sua sobrevivência (alimentam-se, fixam um local de abrigo etc.), mas só o ser humano precisa desenvolver, continuamente, seu intelecto. O direito de acesso ao ensino superior consiste, pois, numa das densificações do direito fundamental social[15] de acesso ao ensino, que tem que ser garantido como um todo indissociável[16], traduzindo-se num *direito social especial*[17] ou *direito social a personalidade*, pois, ao mesmo tempo, que exige prestações positivas do Estado para a sua prossecução, ele é antecedente ao Estado, que o declara e positiva[18].

Fundamentais na Constituição Portuguesa de 1976, 2001, pág. 372, acredita que os direitos sociais são fundamentais, pois dispõem de um conteúdo nuclear que têm referência imediata à ideia da pessoa humana composto por prestações estaduais sujeitas a conformação político-legislativa. Ressalta, pois, que as normas constitucionais que prevêem os direitos prestacionais contêm directivas para o legislador. Na opinião de JORGE MIRANDA, *op., cit.*, pág. 103, os direitos sociais são direitos de libertação da necessidade, cujo conteúdo é a organização da solidariedade, que devem ser concebidos como limitações materiais implícitas ao poder de revisão constitucional. JOSÉ AFONSO DA SILVA, *Curso de Direito Constitucional Positivo*, 2000, pág. 289, por seu turno, compreende que os direitos sociais são prestações positivas proporcionadas pelo Estado directa ou indirectamente, enunciadas em normas constitucionais, que possibilitam melhores condições de vida aos menos favorecidos, que tencionam a realizar a igualização de situações sociais desiguais, e, seguindo a linha da teoria da indivisibilidade dos direitos fundamentais, este notável constitucionalista brasileiro acredita que os direitos sociais "valem como pressupostos do gozo dos direitos individuais na medida em que criam condições materiais mais propícias ao auferimento da igualdade real, o que, por sua vez, proporciona condição mais compatível com o exercício efetivo da liberdade"[106].

[15] O renomado publicista PÉREZ LUÑO, *Derecho Humanos*, 1995, pág. 95, lecciona que os direitos sociais se dividem nas Constituições como: a) princípios programáticos; b) princípios para actuação dos poderes públicos; c) normas e cláusulas a serem desenvolvidas pela legislação ordinária e d) normas específicas ou casuísticas.

[16] Não há de se confundir o objecto amplíssimo do direito à educação com o seu acesso. É como se pudéssemos resumir o estudo do Direito à Saúde, ao paciente ter direito ao acesso a um hospital; o Direito à Moradia, ao direito do cidadão a ter acesso a uma residência etc. O direito de acesso ao ensino corresponde a uma das facetas do direito à educação, que engloba além de direitos sociais, também os direitos individuais, as liberdades e as garantias atreladas à sua satisfação.

[17] Os direitos sociais correspondem a direitos fundamentais de segunda dimensão, que se caracterizam, nomeadamente, pela sua natureza prestacional, pois exigem, em regra, a elaboração de políticas públicas positivas pelo Estado para garantir a sua eficácia social. Não são, em regra, direitos preexistentes ao Estado, pois dependem de comportamento positivo, num *facere* ou num *dare*.

[18] REGINA MUNIZ, *O Direito à Educação*, 2002, pág. 54, sustenta que o direito à

Com efeito, o direito de acesso ao ensino superior tem por objecto uma conduta positiva por parte do destinatário (Estado), consistindo numa prestação de natureza fáctica (v. g., construção de universidades, contratação de professores etc.) ou normativa[19] (imposição legiferante para sua viabilidade).

IV.2. Do acesso ao ensino superior como norma-regra auto-instrumental

O direito de acesso ao ensino superior é norma-regra[20] constitucional auto-instrumental[21] imprescindível para a efectividade dos direitos funda-

---

educação é um direito da personalidade, pois ele é um direito natural que possui eficácia nas relações jurídicas enquanto direito subjectivo público e direito subjectivo privado.

[19] Cfr. INGO WOLGANG SARLET, *A eficácia dos direitos fundamentais*, p. 268 e ss.

[20] Impende ressaltar as palavras de RONALD DWORKIN, *Levando os direitos a sério*, 2002, p. 39, no sentido de que "a diferença entre princípios jurídicos e regras jurídicas é de natureza lógica. Os dois conjuntos de padrões apontam para decisões particulares acerca da obrigação jurídica em circunstâncias específicas, mas distinguem-se quanto à natureza da orientação que oferecem. As regras são aplicáveis à maneira do tudo-ou-nada. Dados os fatos que uma regra estipula, então ou a regra é válida, e neste caso a resposta que ela fornece deve ser aceita, ou não é válida, e neste caso em nada contribui para a decisão".

[21] Sobre a natureza instrumental dos direitos fundamentais, já nos manifestamos sobre a matéria, *O Direito de Acesso à Educação e a Efectividade dos Direitos Fundamentais in Estudos em Homenagem ao Professor Ary Guimarães*, 2003, p. 24, quando afirmamos que "não é por outra razão que classificamos os direitos fundamentais quanto à sua instrumentalidade em duas categorias: os direitos fundamentais instrumentais e os direitos fundamentais auto-instrumentais. Os primeiros corresponderiam àqueles direitos indispensáveis para a consecução da efectividade de outros direitos fundamentais. O direito de greve do trabalhador e do servidor público (arts. 9.º e 37, VII da CF/88) consistem em normas constitucionais de eficácia contida que garantem o exercício do direito fundamental instrumental à defesa do direito da irredutibilidade de salários/vencimentos, dignidade da pessoa humana do trabalhador/servidor etc. Já os direitos fundamentais auto-instrumentais consubstanciam aquelas garantias cujo exercício é indispensável para a sua própria efectividade, o que só consolida a importância da teoria da indivisibilidade dos direitos fundamentais. Se o cidadão não tem acesso à educação, além dele não estar preparado para o exercício da cidadania, ao seu pleno desenvolvimento e para sua qualificação para o trabalho (art. 205 da CF/88), ele não está nem mesmo apto a reconhecer os instrumentos necessários para garantir o seu próprio direito à educação. Em outras palavras, sem educação não há como garantir o direito à educação".

mentais como um todo indissociável[22]. Só poder haver pleno exercício da liberdade de profissão, do direito de iniciativa económica etc., se for garantido ao cidadão acesso ao curso superior que for de seu interesse.

Nesse sentido, GOMES CANOTILHO afirma que o direito de acesso ao ensino superior é indispensável para a construção da liberdade igual que aponta para a igualdade real, o que pressupõe a tendencial possibilidade de todos terem acesso aos bens económicos, sociais e culturais[23].

Impende salientar o abalizado escólio de JORGE MIRANDA[24], ao lembrar que a primeira forma de defesa dos direitos é a que consiste no seu conhecimento, haja vista que só quem em consciência dos seus direitos consegue usufruir os bens a que eles correspondem e sabe avaliar as desvantagens e os prejuízos que sofre quando não os pode exercer ou efectivar ou quando eles são violados ou restringidos, sintetizando sua ideia ao alegar que "promover o direito aos direitos ou a democratização do direito torna-se imperativo ainda mais urgente na conjuntura actual da lei e perante a chamada sociedade da informação".

IV.3. Da não universalidade do direito de acesso ao ensino superior e sua eficácia enquanto direito subjectivo público

Em que pese a sua não universalidade, o direito de acesso ao ensino superior, assim como o direito de acesso ao ensino fundamental (CF/88,

---

[22] Afirma J. L. QUADROS DE MAGALHÃES, *Direito Constitucional*, Tomo II, 2002, p. 30. que "a teoria da indivisibilidade afirma justamente a condição dos direitos sociais e económicos como pressupostos de exercício das liberdades políticas e individuais. É como afirmamos que, para termos liberdade de locomoção, temos de ter acesso ao transporte, ou que, para que tenhamos liberdade de expressão ou liberdade de formação da consciência política, filosófica e religiosa, temos de ter, no mínimo, direito à educação". Na mesma linha, v. também, dentre tantos, A. A. CANÇADO TRINDADE, *Tratado de Direito Internacional dos Direitos Humanos*, vol. I, 1997, p. 25; INGO WOLGANG SARLET, *A eficácia dos direitos fundamentais*, 2004, p. 71; GOMES CANOTILHO, op., cit., pág. 474.

[23] Para GOMES CANOTILHO, *op. cit.*, pág. 480, a liberdade igual significa, por exemplo, não apenas o direito a inviolabilidade de domicílio, mas o direito a ter casa; não apenas o direito à vida e integridade física, mas também o acesso a cuidados médicos; não apenas o direito de expressão mas também a possibilidade de formar a própria opinião; não apenas direito ao trabalho e emprego livremente escolhido, mas também a efectiva posse de um posto de trabalho.

[24] Cfr. *Manual...*, Vol. IV, *cit.*, págs. 254-55.

art. 208, § 1.º), consiste num direito público subjectivo. Não é porque o ingresso na universidade dependerá da conjectura socioeconómica global para que sejam definidos os quadros qualificados[25] que o universitário terá seu direito obscurecido *ad eternum* pelo Estado; este continua latente, aguardando as acções de avaliação das necessidades do país; de programação do desenvolvimento do ensino superior, indissociável da política científica e tecnológica e de orientação escolar e profissional.

Com efeito, a discussão em torno do direito público subjectivo do direito de acesso ao ensino superior é menosprezada pela doutrina, em face ao contraste de protecção ao ensino básico e os demais graus de ensino, não obstante não haver hierarquia entre os níveis de acesso de ensino, uma vez que o direito de acesso à educação deve ser assegurado como um todo único. Não há de se olvidar que, embora o ensino fundamental ser antecedente do ensino superior, ele será prestado por professores que tiveram acesso ao ensino superior.

O direito subjectivo passa a ser público quando o indivíduo encontra no outro pólo da relação jurídica o Estado, e passa a exigir prestações positivas ou negativas. Os direitos públicos subjectivos são atribuídos ao indivíduo em face do Estado, por normas de direito público. O sujeito activo, que é o administrado, tem interesse pessoal em exigir a obrigação por parte da Administração Pública, que, por sua vez, tem sua obrigação fundamentada em uma norma de direito público.

Ora, se a Administração pratica actos positivas ou negativas que confrontam o exercício do direito de acesso ao ensino superior do cidadão, não lhe faltam meios judiciais possíveis para proteger o seu bem da vida? Como é que ainda pode se questionar que não há direito público subjectivo[26]?

É oportuno salientar o entendimento de INGO WOLGANG SARLET que, a partir do paradigmático caso *numerus clausus*[27], versando sobre o direito

---

[25] Cfr. JORGE MIRANDA, *cit.*, pág. 446.

[26] Para LUÍS RECASÉNS-SICHES, *Tratado general de filosofia del derecho*, 1978, pág. 601, todo direito subjectivo de uma pessoa supõe essencial necessariamente um dever jurídico em outra pessoa (individual ou colectiva). Assim, a partir deste ponto de vista essencial, todos, absolutamente, todos, os direitos são sociais. Mas, quando se fala de direitos sociais como direitos fundamentais diferenciados didacticamente dos direitos individuais, então as palavras social e individual, adquirem cada uma das duas outra significação, mais concreta e específica.

[27] (*BVerfGE* 33,303 (333) *apud* INGO WOLGANG SARLET, *op.*, *cit.*, pág. 282.

de acesso ao ensino superior, em que o Tribunal Constitucional Federal alemão firmou jurisprudência no sentido de que a prestação reclamada deve corresponder ao que o indivíduo pode razoavelmente exigir da sociedade, de tal sorte que, mesmo em dispondo o Estado dos recursos e tendo o poder de disposição, não se pode falar em uma obrigação de prestar algo que não se mantenha nos limites do razoável, que não haveria como impor ao Estado a prestação de assistência social a alguém que efectivamente não faça jus ao benefício, por dispor, ele próprio, de recursos suficientes para o seu sustento, vislumbrou que o Estado decidirá a partir também de uma conjuntura socioeconómica global, cabendo aos órgãos políticos as decisões.

Para GOMES CANOTILHO[28], em face à sua indeterminabilidade jurídico-constitucional, somente os direitos fundamentais sociais dotados de conteúdo concreto consagrados em normas das regulações legais serão normas vinculantes, garantidora, em termos definitivos, de direitos subjectivos. Não há, pois, na sua opinião, um direito fundamental à educação, mas um conjunto de direitos fundados nas leis reguladoras da educação.

IV.4. Do mínimo existencial do direito de acesso ao ensino superior e a reserva do possível

Em face a sua dimensão economicamente relevante, os direitos sociais prestacionais têm por objecto prestações do Estado directamente vinculadas à destinação, distribuição e criação de bens materiais[29], que dependerão, necessariamente, da apreciação dos factores económicos para uma tomada de decisão quanto às possibilidades e aos meios de sua efectivação, não cabendo à Administração usurpar as atribuições dos órgãos políticos e legislativos[30].

Com efeito, não corresponde a uma simples operação hermenêutica, mas a uma ponderação complexa das normas com a realidade circunstante a efectivação dos direitos sociais prestacionais[31]. Faz-se oportuna a

---

[28] Op., cit., pág. 482.
[29] Cfr. INGO WOLFGANG SARLET, cit., p. 280.
[30] Cfr. JORGE MIRANDA, cit., p. 392.
[31] RICARDO LOBO TORRES, A metamorfose dos direitos sociais em mínimo existencial. In SARLET, Ingo Wolfgang (org.). Direitos Fundamentais Sociais: Estudos de Direito Constitucional, Internacional e Comparado, 2003, p. 1-46, defende a tese de que a

referência à lição de JORGE MIRANDA, reforçando o entendimento que "de resto, sendo abundantes as normas e escassos os recursos, dessa apreciação poderá resultar a conveniência de estabelecer diferentes tempos, graus e modos de efectivação dos direitos. Se nem todos os direitos económicos, sociais e culturais puderem ser tornados plenamente operativos em certo momento ou para todas as pessoas, então haverá que determinar com que prioridade e em que medida o deverão ser. O contrário redundaria na inutilização dos comandos constitucionais: querer fazer tudo ao mesmo tempo e nada conseguir fazer"[32].

Entretanto, não se pode admitir uma defesa reducionista dos direitos sociais prestacionais que implique sua concretização à mercê de previsões orçamentárias excedentes, ressaltando-se que a vinculação razoável e possível do Estado não deve se limitar somente à proclamada garantia do mínimo social.

Cumpre consignar, pois, que mais do que a garantia ao mínimo conteúdo dos direitos sociais[33], o Estado deve proporcionar aos seus administrados a satisfação adequada destes direitos fundamentais. Não se pode, portanto, acreditar que o Estado deva apenas garantir *o direito à não tributação do rendimento mínimo necessário ao mínimo de existência*[34],

---

transformação dos direitos sociais em mínimo existencial significa a metamorfose dos direitos da justiça em direitos da liberdade sob a perspectiva dos valores e dos princípios fundamentais, estruturais e legitimadores do ordenamento. Considera que "para se trilhar a superação da tese do primado dos direitos prestacionais (direitos de crédito – droit créance – ou Teilhaberechte) sobre os direitos de liberdade, que inviabilizou o Estado Social de Direito, deve-se observar que a jusfundamentalidade dos direitos sociais em duas concepções: quando se reduz ao mínimo existencial, em seu duplo aspecto de protecção negativa contra a incidência de tributos sobre os direitos sociais mínimos de todas as pessoas de protecção positiva consubstanciada na entrega de prestações estatais materiais em favor dos pobres, e, no seu sentido máximo, quando os direitos sociais devem ser obtidos na via do exercício da cidadania reivindicatória e da prática orçamentária, a partir do processo democrático".

32 *Op., cit.*, p. 392.
33 Para GOMES CANOTILHO, *op., cit.*, p. 518, todos têm um direito fundamental a um núcleo básico de direitos sociais (*minimum core of economic and social rights*), na ausência do qual o Estado Português se deve considerar infractor das, obrigações jurídico-sociais constitucional e internacionalmente impostas
34 VIEIRA DE ANDRADE, *Os Direitos...*, *cit.*, 2000, p. 388, discorda da existência de um suposto *direito à sobrevivência*, enquanto direito social de personalidade, entendido com um direito análogo aos direitos, liberdades e garantias, que gozaria do mesmo regime, cuja aplicabilidade seria imediata. Ressalta, então, que o Estado deve, pelo menos, garantir

haja vista que é sua obrigação assegurar o padrão elementar ou mínimo existencial de todos os direitos fundamentais ou do contrário, a própria vinculada reserva de não tributação do contribuinte de menor capacidade contributiva estaria comprometida.

Nesse sentido, considera, JORGE MIRANDA, restritiva e inadequada a adopção de um "critério residual e negativo para os direitos sociais, pois a libertação da necessidade não se consegue só com uma espécie de "rendimento mínimo garantido", mas com medidas positivas, global e continuadamente orientadas por objectivos de desenvolvimento e transformação, que são redefinidos e reinterpretados pelo povo em cada tempo, acreditando, pois, que o conteúdo essencial de todos os direitos deverá sempre ser assegurado, e só o que estiver para além dele poderá deixar ou não de o ser em função do juízo que o legislador vier a emitir sobre a sua maior ou menor relevância dentro do sistema constitucional e sobre as suas condições de efectivação"[35].

Daí que, no que tange à garantia do mínimo existencial ou padrão elementar dos direitos fundamentais (incluindo é claro os direitos sociais), as decisões dos poderes constituídos (Legislativo, Executivo e Judiciário) não podem ser aferidas de discricionariedade, não desmerecendo as limitações orçamentárias (reserva do possível) em que o Estado se encontre. Os órgãos de decisão política devem gozar liberdade de decisão para a elaboração das políticas públicas, em face aos postulados do pluralismo democrático e alternância, *mas em carácter relativo*, observando os padrões de justiça social, solidariedade e igualdade real entre os cidadãos[36].

Com efeito, acreditamos que, na defesa do mínimo existencial ou padrão elementar do direito de acesso ao ensino superior dos administrados[37], a Administração Pública deve garantir não só o desenvolvimento

---

o direito à não tributação do rendimento mínimo necessário ao mínimo de existência, vez que, na sua opinião, se o Estado não é obrigado a assegurar positivamente o mínimo de existência a cada cidadão, ao menos não lhe retire aquilo que ele adquiriu e é indispensável à sua sobrevivência com o mínimo de dignidade. V. também RICARDO LOBO TORRES, *op., cit.*, p. 2.

[35] *Op.., cit.*, p. 383 e ss.
[36] Cfr. JORGE MIRANDA, *op., cit., p.* 393.
[37] GOMES CANOTILHO, *op., cit.*, p. 518, defende que o "rendimento mínimo garantido", as "prestações de assistência social básica", o "subsídio de desemprego" são verdadeiros direitos sociais originariamente derivados da constituição sempre que eles constituam o standard mínimo de existência indispensável à fruição de qualquer direito.

das habilidades e aptidõs dos seus cidadãos, mas oferecer cursos da melhor qualidade possível.

Consequentemente, em respeito ao princípio da separação das funções estatais, os tribunais administrativos devem buscar o cumprimento pela Administração das normas e princípios jurídicos que a vinculam e não da conveniência ou oportunidade da sua actuação, no tocante, principalmente, à efectivação dos direitos fundamentais.

O mínimo existencial quanto ao direito de acesso ao ensino superior está relacionado directamente ao desenvolvimento científico e tecnológico de um Estado.

INGO WOLFGANG SARLET[38] acredita que quanto ao ensino público fundamental gratuito não há de se alegar o limite fático da reserva do possível, assim como a ausência de competência dos tribunais para decidir sobre destinação de recursos públicos. Entretanto, entendemos que tal posicionamento não encontra fundamento, pois se o Estado não tem recursos financeiros, ele não construirá escolas e muito menos universidades, mas os direitos subjectivos das crianças e dos universitários continuam lactentes, não impedindo o cidadão de provocar prestação jurisdicional para exigir do Estado que assegure sua efectividade o mais rápido possível, num constante processo de ponderação de prestação positivas entre os direitos fundamentais (v. g., investir-se-á mais num determinado período na saúde, em outro na educação etc.), adoptando medidas para minimizar sua incapacidade momentânea, assim como garantirá, posteriormente, políticas para superar os seus atrasos. O direito subjectivo do mínimo existencial de todo e qualquer direito fundamental não está adstrito à reserva do possível; é o seu limite. Se o Estado não pode naquele momento garantir a sua concretização, por total incapacidade orçamentária, ficará, pois, em mora, até o seu imediato cumprimento.

IV.5. Da tendência à gratuidade do direito de acesso ao ensino superior

Enquanto o acesso ao ensino fundamental é necessariamente universal, obrigatório e gratuito, vez que aquela prestação beneficiará toda a comunidade, o acesso ao ensino superior não é universal, não é obri-

---

[38] *Op., cit.*, pág. 330.

gatório e será, tendencialmente, gratuito, pois o seu pagamento decorrerá das condições económicas do universitário[39].

De facto, a tendência à gratuidade decorre do *princípio da capacidade contributiva*[40] que não se aplicam ao ensino fundamental, vez que este é universal e obrigatório. Na medida em que o Estado não pode exigir que o indivíduo ingresse numa universidade e esta será mantida pelos recursos da colectividade, a depender de sua condição económica, este receberá uma bolsa integral ou não para perfazer os seus estudos (capacidade contributiva).

V. Aplicabilidade e Eficácia da norma constitucional que discorre sobre o Direito de Acesso ao Ensino Superior

De forma objectiva, a norma constitucional que traduz o direito de acesso ao ensino superior (CF/88, art. 208, V) consiste em norma de eficácia plena e tem aplicabilidade imediata no ordenamento jurídico brasileiro (CF/88, art. 5.º, § 1.º), o que importa que o seu conteúdo traduz limitação material ao poder reformador de emenda (CF/88, art. 60, § 4.º, IV). Ao contrário, a norma lusitana que configura o direito de acesso ao ensino superior (CRP, art. 76.º, n.º 1) integra o regime geral dos direitos económicos, sociais e culturais, possui aplicabilidade mediata e não consiste em limite ao poder de revisão constitucional.

VI. Da protecção judicial ao acesso do ensino superior no Brasil

Em que pese o lastro de acções previstas legalmente para a efectivação do direito ao ensino fundamental[41], além das acções de rito

---

[39] Cfr. JORGE MIRANDA, cit., pág. 448-49.

[40] Importa referir a opinião de JORGE MIRANDA, *op., cit*, pág. 399, ao considerar que os direitos não são afectados quando se justifique esta adequação – porque os seus titulares podem pagar a sua parte nas prestações ou benefícios que recebem ou, não podendo pagar, fica sempre assegurado, por qualquer forma, o pagamento pelas entidades públicas. A gratuidade gratuita reforça as desigualdades e o essencial reside numa justa distribuição dos encargos pelas pessoas e pelas entidades públicas.

[41] MÔNICA SIFUENTES, *O acesso ao ensino fundamental no Brasil: um direito ao desenvolvimento*, 2001, pág. 127, informa que, no âmbito civil, há duas acções previstas

ordinário e cautelar que podem ser invocadas na defesa dos direitos sociais, impende ressaltar que as garantias constitucionais em defesas dos direitos sociais podem ser invocadas para assegurar o direito de acesso ao ensino superior, através do controlo abstracto de constitucionalidade (inconstitucionalidade por omissão, inconstitucionalidade por acção e arguição de descumprimento de preceito fundamental), ou através de controlo concreto, por meio dos "remédios constitucionais"[42] que podem ser propostos para esse direito fundamental: o mandado de segurança individual e colectivo (art. 5.°, LXIX e LXX), o mandado de injunção (art. 5.°, LXXI) e a acção popular; e c) a acção civil pública (art. 129, III).

VI.1. Controlo abstracto

VI.1.1. *Inconstitucionalidade por Omissão*

O legislador constituinte brasileiro cuidou para que fossem criados instrumentos processuais aptos a combater a omissão por parte do legislador e dos demais órgãos estatais[43] na defesa dos direitos fundamentais, entre os quais, os direitos sociais, em que pese sua aplicabilidade imediata[44], especialmente, a acção de inconstitucionalidade por omissão e o

---

legalmente para a efectivação do direito ao ensino fundamental: o Estatuto da Criança e do Adolescente (Lei n.° 8.069/90), que prevê no seu art. 208, acção civil pública de responsabilidade, por ofensa aos direitos assegurados à criança referente ao não-oferecimento ou oferecimento irregular do ensino obrigatório e a Lei de Directrizes e Bases da Educação (Lei n.° 9.394/1996) que, além de reiterar as pessoas que já tinham legitimidade em propor a acção civil de responsabilidade, garantiu ao particular o poder de accionar a Administração individualmente para exigir o acesso ao ensino (art. 5.°).

[42] Para JOSÉ AFONSO DA SILVA, *cit.*, p. 444, os remédios constitucionais são meios postos à disposição dos indivíduos e cidadãos para provocar a intervenção das autoridades competentes, visando sanar, corrigir, ilegalidade ou abuso de poder em prejuízo de direitos e interesses individuais.

[43] Cfr. INGO WOLFGANG SARLET, *cit.*, pág. 257.

[44] Defende FLÁVIA PIOVESAN, *Proteção Judicial contra omissões legislativas: ação direta de inconstitucionalidade por omissão e mandado de injunção*, São Paulo, 2003, pág. 188, que os instrumentos da acção directa de inconstitucionalidade e do mandado de injunção devem ser interpretados com base no princípio da aplicabilidade

mandado de injunção que discutiremos no item referente ao controle concreto.

A acção de inconstitucionalidade por omissão[45], introduzida no ordenamento jurídico brasileiro, a partir da Constituição de 1988, foi inspirada no art. 283.º da Constituição lusitana, cujo escopo é "constatar a lacuna prejudicial à esplendência da norma constitucional e, consequentemente, dar ciência à autoridade inadimplente, para que deixe a inércia nefanda e agilize-se no sentido de suprir a falta"[46].

Com efeito, declarada a inconstitucionalidade por omissão de medida para tornar efectiva norma constitucional que discorre sobre direito de acesso ao ensino superior, será dada ciência ao Poder competente para a adopção das providências necessárias e, em se tratando de órgão administrativo, para fazê-lo em trinta dias (art. 103, § 2.º).

VI.1.2. Inconstitucionalidade por Acção

Cabe a inconstitucionalidade por acção na defesa do direito social de acesso ao ensino superior quando são publicados actos legislativos ou administrativos que contrariam normas que têm como conteúdo esse direito fundamental.

Cumpre referir o ensinamento de JOSÉ AFONSO DA SILVA, ao considerar que o fundamento dessa inconstitucionalidade está no fato de que do princípio da supremacia da constituição resulta o da compatibilidade vertical das normas de um país, no sentido de que as normas de grau inferior somente valerão se forem compatíveis com as normas de grau superior, que é a constituição[47].

---

imediata das normas definidoras dos direitos e garantias fundamentais (art. 5.º, § 1.º da CF/88).

[45] A acção de inconstitucionalidade por omissão é regulada pela Lei n.º 9868/99 de 10 de Novembro de 1999 e pode ser proposta pelo Presidente da República, pela Mesa do Senado Federal, pela Mesa da Câmara dos Deputados, pela Mesa da Assembleia Legislativa, pelo Governador de Estado, pelo Procurador-Geral da República, pelo Conselho Federal da Ordem dos Advogados do Brasil, por partido político com representação no Congresso Nacional e por confederação sindical ou entidade de classe de âmbito nacional (art. 103 da CF/88).

[46] Cfr. JOSÉ DA SILVA PACHECO, *O Mandado de Segurança e outras Ações Constitucionais Típicas*, 2002, p. 432.

[47] Cfr. *Curso, cit.*, p. 49.

VI.1.3. Arguição de Descumprimento de Preceito Fundamental

Em defesa do direito de acesso ao ensino superior em carácter abstracto de constitucionalidade, poderá também ser proposta arguição de descumprimento de preceito fundamental[48], regulada pela Lei n.º 9.882/99 de 03 de Dezembro de 1999, uma vez que ela poderá ser invocada tanto para evitar quanto a reparar a sua lesão resultante de acto do Poder Público.

Com efeito, impende trazer à baila a lição de JOSÉ AFONSO DA SILVA ao afirmar que a expressão "preceitos fundamentais" não é expressão sinónima de "princípios fundamentais"; é mais ampla e abrange todas as prescrições que dão sentido básico ao regime constitucional, especialmente as designativas de direitos e garantias fundamentais[49]. Consequentemente, é indubitável o cabimento desta acção para assegurar os preceitos relativos aos direitos sociais, nomeadamente, o direito de acesso ao ensino superior[50].

VI.2. Controle concreto

VI.2.1. Mandado de Segurança individual ou colectivo

Na forma da Lei n.º 1.533 de 31 de Dezembro de 1951, conceder-se-ão mandado de segurança individual ou colectivo[51] na defesa de direito

---

[48] A arguição de descumprimento de preceito fundamental foi introduzida pela Constituição Federal de 1988 (parágrafo único do art. 102). Entretanto, em face da Emenda Constitucional n.º 3/93, este parágrafo foi suprimido e dois novos parágrafos foram acrescentados, passando esta acção constitucional a ser prevista no parágrafo 1.º, que reza: "A arguição de descumprimento de preceito fundamental, decorrente desta Constituição, será apreciada pelo Supremo Tribunal Federal, na forma da lei".

[49] Cfr. *Curso...*, *cit.*, p. 561.

[50] Na sua primorosa tese de doutorado, *Controle Judicial das Omissões do Poder Público*, 2004, p. 560, DIRLEY DA CUNHA JÚNIOR informa que, não obstante a arguição de descumprimento de preceito fundamental seja uma criação brasileira, sem paralelo no direito comparado, é possível encontrar na legislação alienígena alguns institutos que serviram de inspiração ao legislador constituinte brasileiro, entre os quais: o *writ of certiorari* norte-americano; a *Popularklage* do direito bávaro; o *Beschwerde* do direito austríaco; o recurso de amparo do direito espanhol, e, principalmente, o *Verfassungsbeschwerde* do direito alemão.

[51] O mandado de segurança colectivo poderá ser impetrado por partido político com representação no Congresso Nacional ou por organização sindical, entidade de classe

social líquido e certo[52], quando o responsável pela ilegalidade ou abuso de poder for autoridade pública ou agente de pessoa jurídica no exercício de atribuições do Poder Público (CF/88, art. 5.º, LXIX e LXX).

De facto, o *mandamus* pode ser considerado como declaratório, constitutivo ou condenatório para assegurar o direito de acesso ao ensino superior, de acordo com o teor do pedido. No primeiro caso, o impetrante visaria apenas a pleitear a declaração da nulidade de um acto do Poder Público que confrontasse seu direito social (*v. g.*, pedido de matrícula indeferido, de forma abusiva, numa universidade pública), no segundo, se a pretensão consistir na anulação de acto desse género, e portanto modificaria a relação jurídica que se criou com a sua edição, e, no último, se o escopo do mandado de segurança é a imposição de alguma prestação, alguma comportamento comissivo ou omissivo à autoridade[53].

VI.2.2. *Mandado de Injunção*

O mandado de injunção consiste em remédio constitucional que poderá ser impetrado para assegurar a tutela de direito de acesso ao ensino superior, quando a falta de norma regulamentadora torne inviável o seu exercício (CF, art. 5.º. LXX).

Cumpre consignar, pois, que o escopo da *injunction* brasileira seria viabilizar direito fundamental social do impetrante, cujo desfrute está interditado pela omissão do poder público em prestar a providência necessária de que ele depende[54], na obtenção do próprio direito e não na determinação da elaboração de norma[55].

---

ou associação de classe legalmente constituída e em funcionamento há pelo menos um ano, em defesa dos interesses de seus membros ou associados [CF/88, art. 5.º, LXX, alínea b)]

[52] Como bem informa ALEXANDRE DE MORAES, *Direito Constitucional*, 2001, p. 159, o direito e certo é o que resulta de facto certo, capaz de ser comprovado, de plano, por documentação inequívoca. Logo, o impetrante deverá demonstrar que seu direito social será (mandado de segurança preventivo) ou está a ser violado, de forma incontroversa, com alegações que não dependam de dilação probatória incompatíveis com o procedimento do mandado de segurança.

[53] Cfr. LUÍS ROBERTO BARROSO, *cit.*, p. 158.

[54] Cfr. DIRLEY DA CUNHA JÚNIOR, *cit.*, p. 519.

[55] Não há de se confundir o objecto do mandado de injunção, que já tratamos alhures, com o da acção de inconstitucionalidade por omissão, haja vista que esta visa a expedição de norma regulamentadora que garanta efectividade do direito social.

VI.2.3. Acção Popular

Na garantia judicial ao direito de acesso ao ensino superior, não há de se olvidar o cabimento da acção popular por qualquer cidadão[56] que vise a anular ato lesivo ao património público ou de entidade de que o Estado participe e à moralidade administrativa que vilipendiassem o seu exercício, ficando o autor, salvo comprovada má-fé, isento de custas judiciais e do ónus da sucumbência. (CF, art. 5.º, LXXIII).

Através da acção popular, permite-se ao cidadão, directamente, exercer a função fiscalizatória do Poder Público na defesa dos interesses difusos, reconhecendo-se aos cidadãos *uti cives* e não *uti singuli*[57].

VI.2.4. Acção Civil Pública

Finalmente, para a protecção do direito de acesso ao ensino superior, há de se destacar também a possibilidade de proposta de acção civil pública pelo Ministério Público, pela União, pelos Estados e Municípios, por autarquia, empresa pública, fundação, sociedade de economia mista ou por associação (CF/88, art. 129, III e o art. 5.º da Lei n.º 7.347 de 24 de Julho de 1985).

Com efeito, o objecto da acção civil consistirá na condenação do réu ao cumprimento de obrigação de dar ou de uma obrigação de fazer ou não fazer para assegurar a efectividade do direito de acesso ao ensino superior (*v. g.*, compra de cadeiras para salas de aula).

VII. Do financiamento pelo Poder Público de vagas nas Universidades Particulares

O direito de acesso ao ensino superior público não se perfaz apenas através das instituições públicas; pode sê-lo também através das universidades particulares, observando uma harmonização[58] entre possível

---

[56] O § 3.º do art. 1.º da Lei n.º 4.717 de 29 de Junho de 1965 estabelece que "a prova da cidadania, para ingresso em juízo, será feita com o título eleitoral, ou com documento que a ele corresponda".

[57] Cfr. ALEXANDRE DE MORAES, *cit.*, p. 184.

[58] Esclarece ROBERT ALEXY, *Teoría de los derechos fundamentales*, 1997, pág. 86, que os princípios são deveres de optimização aplicáveis em vários graus de acordo

colisão entre o princípio[59] constitucional da indisponibilidade do interesse público e o princípio[60] da autonomia das universidades. Não há de se limitar a extensão do acesso ao ensino superior público com acesso ao ensino superior em universidade pública

Com efeito, a norma que concede de bolsas de estudo em instituições privadas de ensino superior densifica os princípios fundamentais do Estado[61]. A prioridade do Estado é assegurar o direito de acesso ao ensino fundamental que, a depender do caso, para manter-se incólume implicará o financiamento público de vagas em instituições privadas, desde que sejam ponderados os princípios que norteiam a regra do financiamento.

---

com as possibilidades normativas fácticas. A harmonização principiológica decorre da ponderação entre princípios colidentes, vez que um deles, a depender das circunstâncias, prevalecerá em relação ao outro.

[59] ROBERT ALEXY, *Teoría de los Derechos Fundamentales*, 1997, pág. 83, sustenta que: "las reglas como los principios serán resumidos bajo el concepto de norma. Tanto las reglas como los principios son normas porque ambos dicen lo que debe ser. Ambos pueden ser formulados con la ayuda de las expresiones deónticas básicas del mandato, la permisión y la prohibición. Los principios, al igual que las reglas, son razones para juicios concretos de deber ser, aun cuando sean razones de un tipo muy diferente. La distinción entre reglas y principios es pues una distinción entre dos tipos de normas". HUMBERTO ÁVILA, *Teoria dos Princípios: da definição à aplicação dos princípios jurídicos*, 2003, pág. 120, considera que há normas-princípio, normas-regra e normas-postulado aplicativo. Informa que os princípios da razoabilidade e proporcionalidade não consistiriam em normas-princípios, mas normas-postulados, sintetiza sua concepção de norma-postulado como "normas imediatamente metódicas que estruturam a interpretação e aplicação de princípios e regras mediante, mais ou menos específica, de relações entre elementos com base em critérios". Discordamos desta classificação, pois as normas-postulado não passariam, na verdade, de densificações de sobre-princípios.

[60] Como lembra RUY SAMUEL ESPÍNDOLA, *Conceito de princípios constitucionais*, 2002, pág. 52, o termo *princípio* é utilizado, indistintamente, em vários campos do saber humano. Filosofia, Teologia, Sociologia, Política, Política, Física, Direito e outros servem-se dessa categoria para estruturarem, muitas vezes, um sistema ou conjunto articulado de conhecimentos a respeito dos objectos cognoscíveis exploráveis na própria esfera de investigação e de especulação a cada uma dessas áreas do saber.

[61] Interessante classificação principiológica é a aduzida por RICARDO LOBO TORRES, *A Metaformose...*, cit., págs. 1-46, em princípios fundamentais (dignidade humana, cidadania, democracia e soberania); princípios estruturais (Estado Liberal, Estado Social e Estado Democrático de Direito) e os princípios de legitimação (ponderação, razoabilidade e legitimidade).

Ao lado dos sobreprincípios[62] expressos que regem as actividades da Administração Pública (CF/88, art. 37), quais sejam os princípios da legalidade, impessoalidade, moralidade, publicidade e eficiências, consideramos que compõem o sistema aberto de princípios de financiamento público de vagas em instituições particulares, os princípios da necessidade, da capacidade contributiva, da participação e da autonomia universitária.

Com relação ao princípio da necessidade, seu conteúdo compreende as relevantes causas de justificação a serem preenchidas para que fosse realizado o financiamento público de vagas nas instituições particulares, que devem ser densificadas com critérios objectivos para que se evite excesso de discricionariedade pela Administração. Na medida em que o Estado não tem como suprir a demanda de vagas no ensino superior, há de se buscar vias alternativas para que não ocorra violação ao direito de acesso ao ensino superior, não desmerecendo o investimento em construção, revitalização, melhor administração das Universidades Públicas.

O princípio da capacidade contributiva decorre da tendencial gratuidade do acesso ao ensino superior, vez que o Estado concederá o financiamento de acordo com suas condições económicas e sociais[63].

O financiamento público de vagas em instituições de ensino superior requer, necessariamente, respeito ao princípio da participação da sociedade civil[64], na afirmação de uma democracia participativa.

---

[62] Existem princípios (sobreprincípios) que englobam outros princípios, respeitando seus núcleos autónomos, que densificam aqueles. A efectivação do sobreprincípio da segurança jurídica decorre, por exemplo, da actuação dos princípios da legalidade, da anterioridade, da igualdade, da irretroatividade, da universalidade, entre outros.

[63] Cfr. JORGE MIRANDA, op., cit., pág. 449.

[64] GÜNTER FRANKENBERG acredita em três modos de emprego do conceito de sociedade civil: a) aquele que designa um projecto utópico de sociedade que se auto-organiza, democrática, assentada no reconhecimento dos direitos de cidadania e dos direitos humanos; b) enquanto grandeza crítica, que caracteriza critérios normativos de aferição, críticos de dominação e c) como conceito descritivamente analítico, empregado preponderantemente em termos de lógica sectorial e caracterizador de uma esfera especifica, qual seja, a esfera não-política, assim entendido o associativismo, a esfera da auto-organização da sociedade contra o Estado ou entre o Estado, a economia e a esfera privada. In HOLLENSTEINER, Stephan. Estado e Sociedade Civil no Processo de Reformas no Brasil e na Alemanha, 2004, pág. 8.

Assim como, o princípio da autonomia universitária não pode ser desconsiderado em razão do excepcional e urgente financiamento estatal para assegurar o direito de acesso ao ensino superior de seus cidadãos.

Enfim, partindo dos requisitos e directrizes estabelecidos pelos Tribunais Federais (Administrativo e Constitucional) alemães, no que tange ao financiamento do Estado para escolas particulares[65], afirmamos que a "estatização" de vagas nas instituições de ensino superior são admissíveis à luz do princípio hermenêutico da máxima efectividade das normas constitucionais[66], no que tange à necessidade do Estado em garantir o direito de acesso ao ensino superior, desde que sejam observados os seguintes critérios:

a) Dar-se-á o financiamento público em carácter extremos de falta de vagas no ensino superior público, que deve vincular-se a critérios objectivos pré-definidos;
b) A protecção e o fomento por parte do Estado assumirão carácter meramente compensatório, cujo escopo máximo é evitar o esvaziamento do direito fundamental de acesso ao ensino superior (mínimo existencial), sendo asseguradas às universidades particulares condições mínimas de manutenção dos universitários em cursos que ofereçam prestação de serviço com padrão de qualidade.

VIII. Da Casuística brasileira: a criação do PROUNI – Programa Universidade para Todos

No dia 10 de Setembro de 2004, foi publicada a medida provisória[67] instituindo o Programa Universidade para Todos – PROUNI, que regula a actuação de entidades beneficentes de assistência social no

---

[65] BVerfGE 75, 40 [68]) *apud* INGO WOLFGANG SARLET, *cit.*, pág. 334.
[66] Cfr. GOMES CANOTILHO, pág. 503.
[67] RAUL MACHADO HORTA, *Direito Constitucional,* 2002, pág. 560, lecciona que as medidas provisórias da Constituição da República de 1988 tiveram como inspiração os *decreti-legge in casi straordinarí di necessita e d´urgenza* (*provvedimenti provvisori com forza di legge*) da Constituição da República Italiana de 1947. Traduzem a mudança paradigmática dos Decretos-Lei na transformação do regime autoritário da Ditadura Militar (1964-1985) ao texto representativo do constitucionalismo democrático.

ensino superior, sendo convertida na Lei n.º 11.096 de 11 de janeiro de 2005[68].

O PROUNI tem como escopo, basicamente, a concessão de bolsas de estudo integrais e bolsas de estudo parciais de cinquenta ou vinte e cinco por cento para cursos de graduação e sequenciais de formação de formação específica, em instituições privadas de ensino superior, com ou sem fins lucrativos.

Sucede, pois, que além da inconstitucionalidade material do Estado em não estar atendendo os requisitos objetivos ora apontados para a garantia do acesso ao ensino superior aos universitários menos favorecidos economicamente, oriundos da rede pública de ensino médio em universidades particulares através da manutenção de bolsas, é cristalino que a utilização do temerário ato normativo para regulamentar exercício de direito fundamental olvidou o princípio da reserva legal CF/88; art. 62, § 1.º), em detrimento do fomento ensino superior público, para garantir a sobrevida das instituições particulares.

De facto, medidas provisórias não são editadas para autorizar a abertura de créditos extraordinários para a construção de novas universidades públicas, contratação de novos professores efectivos, pagamento de melhores salários aos mesmos, entres outras prestações positivas que poderiam ser oferecidas pelo Estado em caráter emergencial para assegurar a efectividade do acesso ao ensino superior de qualidade. Muito pelo contrário, em menos de um ano, o ensino superior público foi adaptado, através de cinco medidas provisórias que foram convertidas em leis, para evitar a decretação de falência de muitas instituições do ensino superior particular, que sobrevivem às custas da "estatização" de vagas[69].

Com efeito, infelizmente, desde a sua instituição na Constituição Federal de 1988, as medidas provisórias vêm sendo utilizadas de forma despótica pelos Chefes de Estado, transformando o Poder Executivo numa

---

[68] Posteriormente, outras medidas provisórias foram editadas para delinear a efetividade do PROUNI, ressaltando-se que todas já foram convertidas em leis, quais sejam: MP n.º 235 de 13/01/2005, convertida na Lei n.º 11.128 de 28/06/2005; MP n.º 238 de 01/02/2005, convertida na Lei n.º 11.129/2005 de 30/06/2005; MP n.º 251 de 14/06/2005, convertida na Lei n.º 11.180 de 23/09/2005 e MP n.º 255 de 01/07/2005, convertida na Lei n.º 11.196/2005 de 21/11/2005.

[69] O PROUNI assegura a isenção de inúmeros tributos às universidades que aderirem ao programa, entre os quais o IRPJ, a CSLL, COFINS e o PIS (art. 8.º da Lei n.º 11.096/2005).

verdadeira Casa Legislativa. Senão vejamos[70]: a) **José Sarney (1988//1990)** – editou 125 medidas provisórias originárias e reeditou 22; b) **Fernando Collor (1990/1992)** – editou 89 medidas provisórias originárias e reeditou 70; c) **Itamar Franco (1992/1994)** – editou 142 medidas provisórias originárias e reeditou 363; d) **Fernando Henrique – (1995/1998)** – editou 160 medidas provisórias originárias e reeditou 2.449; e) **Fernando Henrique – (1999 até a publicação da EC n.º 32 de 11 de Setembro de 2001)** – editou 103 medidas provisórias originárias e reeditou 2.587; f) **Fernando Henrique (da publicação da EC n.º 32 de 11 de Setembro de 2001/2002)** – editou 102 medidas provisórias e g) **Lula da Silva (2003/Abril de 2006)** – editou 292 medidas provisórias, totalizando uma média de 7,3 (sete vírgula três) medidas provisórias por mês.

A Emenda Constitucional n.º 32 de 2001 buscou evitar a continuidade da interferência do Poder Executivo nas atribuições do Poder Legislativo em face de desmedido número de reedições de medidas provisórias bem como dispôs sobre limites materiais ao uso da extraordinária competência de editar actos com força de lei. O novo texto do artigo 62 estabeleceu, então, que as medidas provisórias perderão a eficácia se não forem convertidas em lei no prazo de sessenta dias, prorrogável uma vez por igual período, devendo o Congresso Nacional disciplinar, por decreto legislativo, as relações jurídicas delas decorrentes. Entretanto, o legislador constituinte foi omisso ao não estabelecer critérios objectivos[71] que limitariam a apreciação discricionária do Presidente da República para justificar o cabimento de edição de medidas provisórias, em atendimento aos pilares da relevância e urgência, o que vem implicando a continuidade do seu uso desmedido[72].

De facto, não há interesse político em se definir o que sejam situações relevantes e urgentes que poderiam ser matérias de medidas provi-

---

[70] Dados extraídos do site governamental www.planalto.gov.br.

[71] Actualmente, existem oito propostas de emendas à constituição em andamento que tratam sobre as medidas provisórias, no Senado Federal, conforme dados obtidos no site governamental www.senado.gov.br.

[72] O excesso de edições de medidas provisórias não findou. Os ex-Presidentes da República editaram nada menos que 721 medidas provisórias, com força de lei, demonstrando a apropriação institucional do Poder Executivo em legislar, observando-se que o exercício dessa excepcional prerrogativa presidencial continua a ser exercida pelo actual Presidente da República que em 40 meses de governos já editou 292 medidas provisórias.

sórias. Muito pelo contrário. A limitação material acrescida pela Emenda n.º 32 decorreu do óbvio ululante em respeito ao princípio da estrita legalidade em face à interpretação sistemática do texto constitucional[73]. A falta de vontade do legislador constituinte em delimitar o Juízo discricionário de oportunidade e de valor do Presidente da República proporciona maior politização do controlo judicial dos requisitos de relevância e urgência pelo Supremo Tribunal Federal[74].

Entende-se, pois, que a instituição do PROUNI e suas alterações posteriores deveriam passar pelas vias ordinárias do processo legislativo, com o devido acompanhamento da sociedade civil organizada (princípio da participação) para que sejam, então, adoptadas as mais adequadas políticas de financiamento do ensino superior.

IX. Conclusões

À guisa de conclusões, buscando reafirmar, pontualmente, o que foi anunciado no texto e, observando as hipóteses que o nortearam, podemos aduzir que:

1. As Universidades adquiriram personalidade jurídica, através das "Constitutiones" e dos "Statuta", na Idade Média, traduzindo-se no espí-

---

[73] O texto do parágrafo primeiro do novo artigo 62 só ratificou a preocupação do legislador constituinte em garantir o respeito a segurança jurídica do ordenamento, em razão do uso descabido de medidas provisórias pelos Presidentes anteriores, nada trazendo de novo quanto às limitações materiais destes actos excepcionais: "§1.º. É vedada a edição de medidas provisórias sobre matéria: I – relativa a: a) nacionalidade, cidadania, direitos políticos, partidos políticos e direito eleitoral; b) direito penal, processual penal e processual civil; c) organização do Poder Judiciário e do Ministério Público, a carreira e a garantia de seus membros; d) planos plurianuais, directrizes orçamentárias, orçamento e créditos adicionais e suplementares, ressalvado o previsto no art. 167, § 3.º.; II – que vise a detenção ou sequestro de bens, de poupança popular ou qualquer outro activo financeiro; III – reservada a lei complementar; IV – já disciplinada em projecto de lei aprovado pelo Congresso Nacional e pendente de sanção ou veto do Presidente da República".

[74] "Os requisitos de relevância e urgência para edição de medida provisória são de apreciação discricionária do Chefe do Poder Executivo, não cabendo, salvo os casos de excesso de poder, seu exame pelo Poder Judiciário. Entendimento assentado na jurisprudência do STF (STF – Pleno – Adin o. 2.150-8)/DF – Medida liminar – Rel. Ilmar Galvão, *Diário da Justiça*, Seção I, 28, abr. 2000, p. 71).

rito ecuménico e corporativo das novas Escolas, em que pese inúmeros estudos que consagram o seu aparecimento desde a Grécia Antiga.

2. Apesar da falta de idónea documentação que justifique o marco inicial definido da primeira universidade lusitana (1288), muitos portugueses, desde fins do século XIII, já haviam frequentado centros universitários pela Europa.

3. No Brasil, em face à intensa colonização de exploração lusitana, só após a declaração de Independência do Estado Brasileiro, houve o desdobramento das Universidades Brasileiras, com o aparecimento de faculdades isoladas por todos o país, tendo sido a Faculdade de Medicina em 1832, em Salvador, a pioneira.

4.1. Em que pese a afirmação dos direitos sociais nas Constituições Portuguesa e Brasileiras ter ocorrido em face a um processo de recíproca influência dos seus textos, por motivos históricos, o legislador constituinte português adoptou um sistema jurídico dualista na protecção dos direitos fundamentais na Constituição de 1976 (CRP, art. 17.º), estabelecendo um regime jurídico especial aos direitos, liberdades e garantias em detrimento dos direitos económicos, sociais e culturais que não foi acolhido pelo legislador constituinte brasileiro que considera que todos os direitos fundamentais têm aplicação imediata (art. 5.º, § 1.º).

5. As vicissitudes do direito de acesso ao ensino superior implica a necessidade do não exclusivismo do Estado no desenvolvimento de actividades que conduzam à efectivação de direitos sociais, sendo o ensino universitário essencial para a democracia participativa.

6. O acesso ao ensino superior público não pode ocorrer, exclusivamente, através de universidade pública, cabendo ao Estado garantir, quando necessário, através dos meios adequados, a concretização do direito de acesso ao ensino superior nas instituições particulares, buscando uma harmonização ou concordância prática quando da colisões entre os princípios que o norteiam.

7. O acesso ao ensino superior não é universal e obrigatório, mas consiste num direito subjectivo público, devendo-se garantir pelo menos o mínimo existencial do seu exercício, havendo no caso do seu incumprimento um arcabouço de garantias constitucionais que poderão ser invocadas para a sua protecção.

8. A colisão entre os princípios que norteiam o financiamento do ensino superior público deve ser solucionada através de ponderação optimizadora que assegura a máxima efectividade do direito de acesso ao ensino superior.

9. O ensino superior público brasileiro vem sendo legislado através de actos provisórios, que já foram rapidamente convertidas em leis, ultrapassando os procedimentos legislativos ordinários para atender os interesses mercadológicos das instituições de ensino superior particular, cujas normas jungem-se de inquestionáveis vícios materiais de constitucionalidade (falta de critérios que justificariam essa política excepcional e desrespeito ao princípio da reserva legal).

X. Bibliografia

AFONSO DA SILVA, José. Aplicabilidade das normas constitucionais. 3.ª Ed. São Paulo: Malheiros, 1999.
_____. *Curso de Direito Constitucional Positivo*. 18.ª ed. São Paulo: Malheiros editores, 2000.
ALEXY, Robert. *Teoría de los derechos fundamentales*. Trad. Ernesto Garzón Valdés. Madrid: Centro de Estudios Constitucionales, 1997.
ALMEIDA OLIVEIRA, A.. *O ensino público*. Brasília: Senado Federal, Conselho Editorial, 2003.
AMADO GOMES, Carla. *Três Estudos de Direito da Educação*. Lisboa: Associação Académica da Faculdade de Direito de Lisboa, 2002.
AVENARIUS, Hermann. *Einführung in das Schulrecht*. Darmstadt: Wissenschaftliche Buchgesellschaft, 2001.
ÁVILA, Humberto. *Teoria dos princípios: da definição à aplicação dos princípios jurídicos*. 2.ª Edição. São Paulo: Malheiros, 2003.
BONAVIDES, Paulo; ANDRADE, Paes de. *História constitucional do Brasil*. Brasília: OAB Editora, 2002.
BARBAS-HOMEM, António Pedro. *Direitos e deveres fundamentais de pais, professores e alunos perante a autonomia das escolas*. In Revista da Associação Portuguesa de Direito da Educação. N.º 1 Lisboa: AAFDL, 1999, págs. 89 a 129.
BEHRMANN RÁTIS MARTINS, Carlos Eduardo. *O direito de acesso à educação e a efetividade dos direitos fundamentais*. In MARTINS, Carlos Eduardo Behrmann Rátis (organ.) Estudos em Homenagem ao Professor Ary Guimarães. Salvador: Revista da Academia de Letras dos Estudantes de Direito da UFBA, 2003. págs. 19 a 30.
BRANN, Eva T. *Education, The Supreme Court, and the Constitution*. In LICHT, Robert A. (edited by) Is The Supreme Court the Guardian of

the Constitution? Washigton D. C.: American Interprise Institute, 1993, págs. 59 a 81.

BRITO LIMA, Maria Cristina de. *A Educação como Direito Fundamental*. Rio de Janeiro: Editora Lumen Juris, 2003.

CABRITO, Belmiro. *Financiamento do Ensino Superior: Condição Social e Despesas de Educação dos Estudantes Universitários em Portugal*. Lisboa: EDUCA, 2002.

CANARIS, Claus-Wilhelm. *Pensamento Sistemático e Conceito de Sistema na Ciência do Direito*. 3.ª Edição. Trad. Antônio Manuel da Rocha e Menezes Cordeiro. Lisboa: Fundação Calouste Gulbekian, 2002.

Cançado TRINDADE, António Augusto. *Tratado de Direito Internacional dos Direitos Humanos*. Vol. I. Porto Alegre: Fabris, 1997.

GOMES CANOTILHO, José Joaquim. *Direito Constitucional e Teoria da Constituição*. 7 ed. Coimbra: Almedina, 2003.

_____. *Estudos sobre Direitos Fundamentais*. Coimbra: Coimbra Editora, 2004.

CARNOY, Martin (edited by). *International Encyclopedia of Economics of Education*. 2.ª Edição. Oxford: Pergamon, 1995.

CARNOY, Martin. *Mondialisation et reforme de l'education: ce que les planificateurs doivent savoir*. Paris: UNESCO, 1999.

CARVALHO, Rómulo de. História do Ensino em Portugal. Lisboa: Fundação Calouste Gulbenkian, 2001.

CUNHA JÚNIOR, Dirley da. *Controle Judicial das Omissões do Poder Público*. São Paulo: Saraiva, 2004.

CUSA, Nicolau de. *A Douta Ignorância*. Lisboa: Fundação Calouste Gulbenkian, 2003.

DWORKIN, Ronald. *Levando os direitos a sério*. Trad. Nelson Boeira. São Paulo: Martins Fontes, 2002.

ENGISCH, Karl. *Introdução ao Pensamento Jurídico*. 8.ª Edição. Trad. João Baptista Machado. Lisboa: Fundação Calouste Gulbekian, 2001.

FONSECA MUNIZ, Regine Maria. *O Direito à Educação*. São Paulo: Renovar, 2002.

MARTINEZ ESTAY, José Ignacio in CUNHA, Paulo Ferreira da (organizador). *Direitos Humanos*. Coimbra: Almedina, 2003, págs. 217 a 247.

GLENN JR., Charles Leslie. *The Myth of the Common School*. Massachusetts: Jones Library, 1988.

GOUCHA SOARES, António. *A Carta dos Direitos Fundamentais na União*

Europeia: a protecção dos direitos fundamentais no Ordenamento Comunitário. Coimbra: Coimbra Editora, 2002.
GOUCHA SOARES, António. *A Carta dos Direitos Fundamentais na União Europeia: a protecção dos direitos fundamentais no Ordenamento Comunitário*. Coimbra: Coimbra Editora, 2002.
HABERMAS, Jürgen. *Direito e Democracia: entre facticidade e validade*. Vol. I. Trad. Flávio Beno Siebeneichler. Rio de Janeiro: Tempo Brasileiro, 1997.
HOLLENSTEINER, Stephan. *Estado e Sociedade Civil no Processo de Reformas no Brasil e na Alemanha*. Rio de Janeiro: Lumen Juris, 2004.
ILIOPOULUS-Strangas, Júlia (organizadora). *La protection des droits sociaux fondamentaux dans les Etats membres de l'Union européene*. Vol. III. Bruxelas: Editions Ant. N. Sakkoulas Athènes, 1997.
KRELL, Andreas J. *Controle judicial dos serviços públicos básicos na base dos direitos sociais fundamentais*. In SARLET, Ingo Wolfgang (organ.) *A Constituição Concretizada: construindo pontes com o direito público e o privado*. Porto Alegre: Livraria do advogado, 2000. págs. 25 a 60.
LEITÃO, José. *Standard Mínimo de Direitos da Lusofonia*. Coimbra: Estatuto Jurídico da Lusofonia (Boletim da Faculdade de Direito da Universidade de Coimbra), 2002, págs. 129 a 140.
LOBO TORRES, Ricardo. *A metamorfose dos direitos sociais em mínimo existencial*. In SARLET, Ingo Wolfgang (org.). *Direitos Fundamentais Sociais: Estudos de Direito Constitucional, Internacional e Comparado*. Rio de Janeiro: Renovar, 2003, págs. 1 a 46
MACHADO HORTA, Raul. *Direito Constitucional*. 3.ª Edição. Belo Horizonte: Del Rey, 2002.
MIRANDA, Jorge. *Manual de Direito Constitucional*. Tomo IV. 3.ª ed. Coimbra: Coimbra editora, 2000.
_____. *Teoria do Estado e da Constituição*. Rio de Janeiro: Forense, 2002.
_____. *As Constituições Portuguesas de 1822 ao texto actual da Constituição*. 4.ª Edição. Lisboa: Livraria Petrony Editores, 1997.
_____. *O constitucionalismo liberal luso-brasileiro*. Lisboa: Comissão Nacional para as Comemorações dos Descobrimentos Portugueses, 2001.
PEREZ-LUÑO, António E. *Los Derechos Fundamentales*. 7.ª Ed. Madrid: Tecnos, 1998.
PEREIRA DA SILVA, Jorge. *Protecção constitucional dos direitos sociais e*

reforma do Estado-Providência. Lisboa: A Reforma do Estado em Portugal: Problemas e Perspectivas, 2001, págs. 537 a 548.

PIOVESAN, Flávia. *Proteção Judicial contra omissões legislativas: ação direta de inconstitucionalidade por omissão e mandado de injunção*. 2.ª edição. São Paulo: RT, 2003.

PONCE, Aníbal. *Educação e Luta de Classes*. Lisboa: Vega Editora, 1979.

QUADROS DE MAGALHÃES, José Luiz. *Direito Constitucional – Tomo II*. Belo Horizonte: Mandamentos, 2002.

QUEIROZ, Cristiana. *Direitos Fundamentais (Teoria Geral)*. Coimbra: Coimbra Editora, 2002.

RECASÉNS-SICHES, Luís. *Tratado general de filosofia del derecho* 6.ª ed., México: Porrua, 1978.

REIS MONTEIRO, A. *Educação da Europa*. Porto: Campo das Letras, 2001.

_____. *O Direito à Educação*. Lisboa: Livros Horizonte, 1998.

RIBEIRO, Maria das Graças M. *Educação Superior Brasileira: Reforma e Diversificação Institucional*. Bragança Paulista: EDUSF, 2002.

REIS NOVAIS, Jorge. *As restrições aos direitos fundamentais não expressamente autorizadas pela Constituição*. Coimbra: Coimbra Editora, 2003.

SARMENTO, Daniel. *Direitos Fundamentais e Relações Privadas*. Rio de Janeiro: Editora Lumen Juris, 2004.

SAVATER, Fernando. *O valor de educar*. Lisboa: Editorial Presença, 1997.

SIFUENTES PACHECO DE MEDEIROS, Mónica Jacqueline. *O acesso ao ensino fundamental no Brasil: um direito ao desenvolvimento*. Rio de Janeiro: América Jurídica, 2001.

SILVA FILHO, Penildon. *Educação Superior: Perspectivas e Transformações. In* BEHRMANN RÁTIS MARTINS, Carlos Eduardo (organ.) Estudos em Homenagem ao Professor Ary Guimarães. Salvador: Revista da Academia de Letras dos Estudantes de Direito da UFBA, 2003. págs. 207 a 219.

VERÍSSIMO SERRÃO, Joaquim. *História das Universidades*. Porto: Lello & Irmão Editores, 1983.

VIEIRA DE Andrade, José Carlos. *Os Direitos Fundamentais na Constituição Portuguesa de 1976*. 2ª Edição. Coimbra: Almedina, 2001.

WOLFGANG SARLET, Ingo. *A eficácia dos direitos fundamentais*. Porto Alegre: Livraria do Advogado, 2004.

_____ (organizador). *Direitos fundamentais sociais: estudos de direito constitucional, internacional e comparado*. Rio de Janeiro: Renovar, 2003.

THE EDUCATIONAL RIGHTS OF PARENTS AND STUDENTS: AN AMERICAN PERSPECTIVE

CHARLES J. RUSSO, J.D., ED.D.

Panzer Chair in Education & Adjunct Professor of Law
University of Dayton
Dayton, OH

Introduction

When dealing with the issues of quality control and the rights of parents to direct the upbringing of their school aged children,[1] one of the key factors that impacts on parental rights are compulsory attendance laws. Put another way, insofar as parents must educate their children, whether in regular public or non-public schools, or by home schooling them, controversies arise over the extent to which the rights of parents clash with those of state officials as they, too, try to direct the schooling of children as they follow their mandate to help ensure an educated citizenry.

The parental right to direct the upbringing of their children ultimately operates as a form of quality control. Parental choice is a form of quality control because it allows those who wish to, and can afford to, to have

---

[1] This paper is limited to K-12 public school settings for two reasons. First, nonpublic schools, which are governed more by the law of contracts, are generally not subject to the same principles dealing with freedom of expression that are applicable in public schools. See Pierce v. Society of Sisters, 268 U.S. 510 (1925). Second, in addition to the fact that there is virtually no litigation in the area, the rules governing higher education are significantly different from those that govern elementary and secondary schools.

their children educated in non-public schools. In an attempt to offer all parents similar options, a recent federal law, the No Child Left Behind Act,[2] enacted in 2002, includes provisions that will allow parents to remove their children from failing public schools and send them to schools of their choice.

In light of the tension that the issue of quality control raises, this paper begins with an examination of parental rights vis-à-vis compulsory attendance laws before examining selected student rights. The paper concludes with reflections on how the NCLB's quality control provisions may impact on the rights of parents and students.

COMPULSORY EDUCATION AND PARENTAL RIGHTS

In General

Under the Tenth Amendment to the United States Constitution,[3] and as reiterated by the Supreme Court in its only case on school finance, *San Antonio v. Rodriguez*,[4] education is a responsibility of individual states rather than the federal government. As such, in 1852 Massachusetts became the first jurisdiction in the United States to enact a compulsory attendance law.[5] American Courts have generally upheld compulsory education statutes against charges that they unreasonably infringed on individual constitutional liberties.[6] In permitting compulsory attendance

---

[2] 20 USC §§ 6301 et seq.

[3] "[t]he powers not delegated to the United States by the Constitution, nor prohibited to it by the States, are reserved to the States respectively, or to the people."

[4] 411 U.S. 1, 35 (1973). In rejecting the notion that education is a fundamental right, the Court decreed that "[e]ducation, of course, is not among the rights afforded explicit protection under our Federal Constitution. Nor do we find any basis for saying it is implicitly so protected."

[5] See Mass. Gen. Laws Ann. 76 § 1 (historical notes St.1852, c. 240, §§ 1, 2, 4).

[6] Parr v. State, 157 N.E. 555 (Ohio 1927); Concerned Citizens for Neighborhood Schs. v. Board of Educ. of Chattanooga, 379 F.Supp. 1233 (E.D.Tenn.1974); Mazanec v. North Judson-San Pierre School Corp., 614 F.Supp. 1152 (N.D.Ind.1985); Brown v. District of Columbia, 727 A.2d 865 (D.C.1999). But see Wisconsin v. Yoder, 406 U.S. 205 (1972).

laws to remain in effect along with exceptions such as for parents who wish to send their children to non-public schools or educate them via home schooling, as well as for married students, the courts recognize that these statutes represent a valid exercise of state police power[7] that is served by the creation of an enlightened citizenry.

Based on the concept of *in loco parentis*, literally, "in the place of the parent," compulsory attendance laws are grounded in the common law presumption that parents voluntarily submit their children to the authority of school officials.[8] Yet, a question can be raised about the continuing viability of the presumed voluntary nature of *in loco parentis* in light of compulsory attendance laws (and other school rules[9]) which require parents to send their children to school at the risk of punishment for noncompliance.[10] An alternative justification is that compulsory attendance is rooted in another common law principle, *parens patriae*, literally "father of the country," under which state legislatures have the authority to enact reasonable laws for the welfare of their residents.[11] Placing this dispute aside in the interest of addressing the practical issues associated with compulsory attendance laws, suffice it to say that courts agree that parents[12] must ensure that their children are educated. Whether parents satisfy their duty, or whether students are absent from school without justification, is a duty of school officials.[13] In one such case, where school officials failed to prove an essential element of the crime of failing to send her daughter regularly, namely that they did not demonstrate that she did so knowingly or purposefully, the Supreme Court of Missouri reversed her conviction for having allegedly violated the

---

[7] Matter of Shannon B., 522 N.Y.S.2d 488 (N.Y.1987).

[8] State ex rel. Burpee v. Burton, 45 Wis. 150 (Wis.1878).

[9] See, e.g., Baker v. Owen, 395 F.Supp. 294 (M.D.N.C.1975), aff'd, 423 U.S. 907 (1975) (holding that parental disapproval of corporal punishment did not preclude its being used on a child).

[10] Eukers v. State, 728 N.E.2d 219 (Ind.Ct.App.2000).

[11] In Wisconsin v. Yoder, the Court rejected the applicability of *parens patriae* to compulsory attendance but upheld the general principle that the state the authority to regulate education.

[12] While recognizing that many laws speak of guardians along with parents, this chapter uses the term parents to include both parents and guardians.

[13] See, e.g., In re C.M.T., 861 A.2d 348 (Pa. Super. Ct. 2004); In re Commissioner of Social Servs. On Behalf of Leslie C., 614 N.Y.S.2d 855 (N.Y. Fam. Ct. 1994).

state's compulsory attendance statute.[14] In another case, an appellate court in Wisconsin held that a mother could raise the affirmative defense that her son disobeyed her order to attend school.[15] In reversing the mother's conviction, the panel explained that the trial court erred in not permitting the mother to raise the disobedience defense.

As state and local officials enforce compulsory education laws, their goal is to strike a reasonable balance between the rights of individuals and the state. Even so, there is a point beyond which state officials may not go without violating the constitutional rights of students and their parents. Insofar as exactly where this point is cannot be determined in the abstract, the courts have intervened in cases where parents, and students, claimed that public officials intruded into their personal rights.

The most basic constitutional limitation on compulsory education laws is that parents can satisfy them by means other than having their children attend public schools since the primary goal of these statutes is to ensure that individuals obtain a minimum level of education rather than focus on where the education is provided. The Supreme Court first enunciated this principle *Pierce v. Society of the Sisters of the Holy Names of Jesus and Mary (Pierce)*[16] when it struck down a law from Oregon which would have required children, other than those needing what would today be described as special education, between the ages of eight and sixteen to attend public schools. *Pierce* was filed by educators in two non-public schools, one religiously affiliated and the other a military academy. Officials sought to avoid having their schools being forced out of business, basing their claims on property rights under the Fourteenth Amendment. In addition to accepting the schools' due process claim, the Court, observing that since parents had the right to direct the upbringing of their children, decided that they could satisfy the compulsory attendance statute by sending their children to non-public schools. The Court also acknowledged that state officials could "reasonably [ ] regulate all schools, to inspect, supervise, and examine them, their teachers and pupils."[17] In practice, other than health and safety code issues, state officials typically impose fewer restrictions on non-public schools than they do on public.

---

[14] State v. Self, 155 S.W.3d 756 (Mo. 2005).
[15] State v. McGee, 698 N.W.2d 850 (Wis. Ct. App. 2005).
[16] 268 U.S. 510 (1925).
[17] Id. at 268 U.S. at 534.

Previously, in *Meyer v. Nebraska*,[18] the Supreme Court invalidated a prohibition against teaching a foreign language in grades lower than the ninth under which a teacher in a non-public school was convicted of teaching German. In the aftermath of World War I and widespread opposition to most things German, the Court rejected the statute's purported goal of promoting civic development by inhibiting training of the young in foreign tongues and ideals before they could learn English and acquire American ideals. In finding that the statute limited the rights of modern language teachers to teach, of students to gain knowledge, and of parents to control the education of their children, the Court emphasized that there was no showing of harm which the state had the right to prevent and that no emergency had arisen which rendered the knowledge of a language other than English to be so clearly harmful as to warrant its prohibition. While conceding that it did not question the state's power over the curriculum in tax-supported public schools, the main pillar of its analysis involved the constitutional right to pursue an occupation not contrary to the public interest.

Wisconsin v. Yoder (Yoder)[19] represents perhaps the most noteworthy exception to judicial support for compulsory attendance laws. In *Yoder* the Supreme Court ruled in favor of Amish parents who challenged the refusal of state officials to exempt their children from formal education beyond eighth grade. The parents maintained that since their children received all of the preparation that they needed in their communities, it would have been unnecessary for them to attend high schools. Relying on the First Amendment's Free Exercise Clause, the Court agreed that the community's almost three hundred year way of life would have been gravely endangered, if not destroyed, by enforcing the compulsory education law. The Court reiterated that while there is no doubt as to the state's power to impose reasonable regulations over basic education, in balancing the competing interests, it had to give greater weight to the First Amendment and the traditional interests of parents with respect to the religious upbringing of their children. The Court concluded that since the Amish way of life and religion were inseparable, requiring the children to attend public high may have destroyed their religious beliefs. Justice

---

[18] 262 U.S. 390 (1923).
[19] 406 U.S. 205 (1972).

Douglas' partial dissent questioned whether children had rights apart from their parents, given his fear that students could have been "harnessed" to the lifestyle of their parents without opportunities to express their personal preferences.

Under *Yoder*, it becomes clear that few, if any, members of other religions can meet its test for avoiding compulsory education requirements. Other than the Amish, courts consistently deny religion-based applications for exceptions to substantial or material parts of compulsory education requirements such as home schooling[20] and sex-AIDS education.[21] In one case, the federal trial court in Connecticut asserted that school officials did not violate the Free Exercise Clause by rejecting a father's request that his son be excused from a mandatory health education course and by assigning him a failing grade when refused to do so Further, An interesting case involving parental complaints arose in Massachusetts over an explicit sex-education program.[22] In upholding the authority of local school officials over the content of the curriculum, the First Circuit noted that the parental right to direct the upbringing and education of their children does not encompass broad-based right to restrict flow of information in public schools.

Home Schooling

Parents who chose not to send their children to public schools must provide them with equivalent instruction elsewhere either by having them educated in non-public schools or via home schooling. As with other areas involving compulsory attendance, statutes and regulations dealing with equivalent instruction are generally upheld.[23] The Supreme Court of Ohio

---

[20] Johnson v. Charles City Community Schs. Bd. of Educ., 368 N.W.2d 74 (Iowa 1985), cert. denied sub nom. Pruessner v. Benton, 474 U.S. 1033 (1985).

[21] See, e.g., Ware v. Valley Stream High Sch. Dist., 551 N.Y.S.2d 167 (N.Y.1989) (refusing a grant of summary judgment where issues of material fact existed over the burden that exposure to an AIDS curriculum would have had on the religious beliefs of students and their parents).

[22] Brown v. Hot, Sexy and Safer Productions, 68 F.3d 525 (1st Cir.1995), cert. denied, 516 U.S. 1159 (1996).

[23] State v. Shaver, 294 N.W.2d 883 (N.D.1980); State ex rel. Douglas v. Faith Baptist Church of Louisville, 301 N.W.2d 571 (Neb.1981), appeal dismissed. 454 U.S.

made an exception to this rule in finding that the state's minimum standards were so pervasive and all-encompassing "that total compliance by a nonpublic school would have effectively eradicated the distinction between public and nonpublic education."[24] Further, as reflected by cases from the Supreme courts of Georgia[25] and Wisconsin,[26] where laws and regulations lack sufficient clarity with regard to standards for non-public schools, they are unenforceable.

After a flurry of activity in the 1980s, home schooling is now legal throughout the Nation as more than thirty states have enacted explicit statutes. The remaining jurisdictions make home schooling legal under laws dealing with alternative[27] comparable,[28] equivalent,[29] or other[30] instruction (including tutors)[31] and/ or private,[32] church,[33] or parochial[34] school exceptions.

Following legislative and regulatory approval of home schooling, courts have still had to address an array of issues such as teacher qualifications, curricular content, and state oversight. Although most states do not have explicit educational requirements for parents who home school their children, the Supreme Court of North Dakota acknowledged that the state could expect them to meet reasonable certification

---

803 (1981); New Life Baptist Church Academy v. Town of East Longmeadow, 885 F.2d 940 (1st Cir.1989), cert. denied, 494 U.S. 1066 (1990).

[24] State v. Whisner, 351 N.E.2d 750, 768 (Ohio 1976). See also State ex rel. Nagle v. Olin, 415 N.E.2d 279 (Ohio 1980).

[25] Roemhild v. State, 308 S.E.2d 154 (Ga.1983).

[26] State v. Popanz, 332 N.W.2d 750 (Wis.1983).

[27] S.D. Codified Laws Ann. § 13–27–3.

[28] Idaho Code Ann. § 33–202.

[29] Conn. Gen. Stat. Ann. § 10–184; Nev. Rev. Stat. Ann. § 392.070; N.Y. Educ. Law § 3204(2).

[30] Ind. Code Ann. §§ 20–8.1–3–17 ("... some other school which is taught in the English language.")

[31] Ala § 16–28–1(2) (addressing church schools and tutors).

[32] For statutes covering home schooling as private schools, see, Cal. Educ. Code § 48222; Ill. Comp. Stat Ann. 105 § 5/26–1; Iowa Code Ann. §§ 299A.1 et seq. (competent private instruction); Mass Gen. Laws Ann. Ch. 76 § 1; Okla. Stat. Ann. tit. 70 § 10–105(A) (private or other schools); Tex Educ. Code Ann. § 25.086 (private or parochial schools).

[33] Ky. Rev. Stat. Ann. § 159.030(b)(private, parochial, or church day schools); Neb. Rev. Stat. Ann. § 79–1701(2) (private, parochial, or denominational schools).

[34] Kan. Stat. Ann. § 72–1111(a)(2) (private, denominational, or parochial schools providing instruction that is substantially equivalent to that in the public schools).

requirements.[35] Further, the Supreme Court of Michigan indicated that teacher certification requirements violated the free exercise rights of parents as applied because state officials failed to show that they were the least restrictive means of achieving the state's claimed interest.[36] According to the court, this approach violated the rights of parents who home school their children since the state legislature did not require teachers in non-public schools to be certificated and permitted individuals who lacked state certification to serve as substitute teachers in public schools.

Most states require parents who home school their children to cover specified subject areas. Even so, litigation has arisen over the content of the curriculum. For example, the Sixth Circuit, in a case from Kentucky, affirmed that a statute requiring children who were home schooled to pass an equivalency examination in order to receive credit for a home study program did not violate the due process, equal protection, or free exercise rights of the student and or his parents based on the commonwealth's desire to ensure that it had an educated citizenry.[37] Relying on similar analysis, a federal trial court in Texas rejected a claim from a home schooling family that requiring students from non-accredited or home schools to pass proficiency exams at their own expense in order to receive credit toward graduation violated a student's rights to equal protection and free exercise of religion.[38]

In the related matter of oversight, courts have upheld the right of state officials to ensure that students are progressing in school whether by means of standardized tests[39] or other measures such as portfolios[40] and annual reports.[41] However, both the Supreme Judicial Court of Massachusetts[42] and the Ninth Circuit[43] invalidated requirements that

---

[35] State v. Anderson, 427 N.W.2d 316 (N.D.1988), cert. denied, 488 U.S. 965 (1988).

[36] People v. DeJonge, 501 N.W.2d 127 (Mich.1993).

[37] Vandiver v. Hardin County Bd. of Educ., 925 F.2d 927 (6th Cir.1991).

[38] Hubbard v. Buffalo Indep. Sch. Dist., 20 F.Supp.2d 1012 (W.D. Tex.1998).

[39] Murphy v. State of Arkansas, 852 F.2d 1039 (8th Cir.1988).

[40] Stobaugh v. Wallace, 757 F.Supp. 653 (W.D.Pa.1990); Battles v. Anne Arundel County Bd. of Educ., 904 F.Supp. 471 (D.Md.1995) affirmed w/o r'ptd opinion, 95 F.3d 41 (4th Cir.1996).

[41] State v. Rivera, 497 N.W.2d 878 (Iowa 1993).

[42] Brunelle v. Lynn Pub. Schools, 702 N.E.2d 1182 (Mass.1998).

[43] Calabretta v. Floyd, 189 F.3d 808 (9th Cir.1999).

would have subjected home schooling families to state visitations in essentially agreeing that this kind of oversight was overly intrusive since the same information could have been obtained in other ways such as having parents submit written reports. At the same time, an appellate court in Massachusetts affirmed that when home schooling parents refused to provide school officials with the bare essentials of the educational plan they created for their children or to permit any evaluation of their educational attainment, commonwealth authorities could proceed with taking steps to have them declared as being in need of protection and committed to the care of the Department of Social Services.[44] In like fashion, an appellate panel in Missouri affirmed that while a trial court erred in its discussion of the length of a school term, state officials had the authority to take jurisdiction over an autistic or nearly autistic child.[45] The court agreed that the parents could be charged with educational neglect since they failed to administer the required hours of instruction or keep proper records of the child's work and progress.

Educational Malpractice: An Attempt at Quality Control

Beginning in the 1970s, in interesting extension of the battle over parental rights, parents and others sought to render school boards liable for perceived failures in educational results allegedly due to pedagogical errors committed during a child's stay in school. Malpractice is a term of art for negligence of professional personnel, usually those who work in a one-to-one relationship with clients, such as physicians or lawyers. To date, all efforts to establish a "educational malpractice" in regular education have failed[46] since it is " ... a tort theory beloved of commentators, but not of courts."[47] Of course, there is wide-spread litigation for negligence in situations where students are injured at school.

---

[44] In re Ivan, 717 N.E.2d 1020 (Mass.App.Ct.1999).

[45] In re J. B., 58 S.W.3d 575 (Mo.Ct.App.2001).

[46] Insofar as children with disabilities have statutorily protected rights, some courts have allowed such suits to proceed. See, e.g., Snow v. State, 469 N.Y.S.2d 959 (N.Y.App.Div.1983); M.C. on Behalf of J.C. v. Central Reg'l Sch. Dist., 81 F.3d 389 (3d Cir.1996), cert. denied, 519 U.S. 866 (1996). Other courts have disagreed. See, e.g., Suriano v. Hyde Park Cent. Sch. Dist., 611 N.Y.S.2d 20 (N.Y.App.Div.1994).

[47] Ross v. Creighton Univ., 740 F. Supp. 1319, 1327 (N.D, Ill. 1990).

In a leading case, parents charged that school officials wrongly permitted their son, who could read only at the eighth grade level, to graduate from high school. The student and his parents sought redress for having attended school for twelve years yet only being qualified for employment requiring little or no ability to read or write. An appellate court in California, in rejecting the suit, discussed at length the duty of care concept in the law of negligence.[48] The court explained that the claim was not actionable since there was no workable rule of care against which to measure the alleged conduct of school officials, no injury within the meaning of the law of negligence, and no perceptible connection between the educators' conduct and the student's alleged injury. In other words, the court was convinced that the student's claims were too amorphous to be justiciable under a theory of negligence. In addition, the court dismissed a charge of intentional misrepresentation because even though the student and his parents had the opportunity to do so, they could not allege facts to show the requisite element of reliance on the asserted misrepresentation.

Along with the reasons cited above, other courts recognized the difficulties of measuring damages and the public policy considerations that the acceptance of such cases would, in effect, have positioned them as overseers of day-to-day operation of schools.[49] To this end, courts ruled that since aggrieved parents have recourse through the administrative channels of local boards and state-level education agencies, they are not helpless bystanders as decisions are made affecting the education of their children. Of course, as evidenced in the voluminous litigation on the tort of negligence, if a specific act of a school employee directly, or intentionally, causes an injury to a student, liability may apply.

---

[48] Peter W. v. San Francisco Unified Sch. Dist., 131 Cal.Rptr. 854 (Cal.Ct.App.1976).

[49] For other representative case, see, e.g. Christensen v. Southern Normal Sch., 790 So.2d 252 (Ala.2001); Hunter v. Board of Educ. of Montgomery County, 439 A.2d 582 (Md.1982); Donohue v. Copiague Union Free Sch. Dist., 418 N.Y.S.2d 375 (N.Y. 1979).

[50] Spacek v. Charles, 928 S.W.2d 88 (Tex.Ct.App.1996).

STUDENT RIGHTS

Discipline

In General

In order properly to carry out their duties, courts recognize that in imposing discipline, school officials need discretion to impose some forms of punishment.[50] As long as discipline policies and procedures satisfy due process, courts usually uphold the actions of educators as long as they are not arbitrary, capricious, or unreasonable. It is long held that courts take the sex, age, size, and mental, emotional, and physical conditions of students and the nature of their offenses into consideration when evaluating penalties.[51]

When reviewing the disciplinary actions of school officials, courts consider whether punishments involve the withholding the right to attend school or privileges such as participation in extra-curricular activities. While courts expect educators to provide students with greater due process protections when they seek to deny them the right to attend school, they cannot act arbitrarily or capriciously in excluding students from extra-curricular activities even as they impose higher standards for participation such as drug testing.[52]

Courts ordinarily do not review student conduct rules with the same scrutiny that they apply to criminal laws. For example, *Wood v. Strickland*, involved the attempted expulsion of students in Arkansas for consuming alcoholic beverages at school or school activities, the Court acknowledged that the federal judiciary is not supposed to "... supplant the interpretation of [a] regulation of those officers who adopted it and are entrusted with its enforcement,"[53] adding that "Section 1983 does not extend the right to relitigate in federal court evidentiary questions arising in school

---

[51] Berry v. Arnold Sch. Dist., 137 S.W.2d 256 (Ark.1940); Holman By and Through Holman v. Wheeler, 677 P.2d 645 (Okla.1983), superseded by statute on other grounds as stated in Leding v. Pittsburg County Dist. Ct., 928 P.2d 957 (Okla.Civ.App. 1996).

[52] See, e.g., Vernonia Sch. Dist. 47J v. Acton, 515 U.S. 646 (1995).

[53] 420 U.S. 308 (1975), rehearing denied, 421 U.S. 921 (1975).

disciplinary proceedings or the proper construction of school regulations."[54] In *Board of Education of Rogers, Arkansas v. McCluskey*, a brief per curiam judgment upholding the suspensions of students who were intoxicated on school grounds, the Court recognized that "... a school board's interpretation of its rules [may be] so extreme as to be a violation of due process,"[55] a situation that was not present in the case at bar. In a recent case from Illinois that relied heavily on this decision, the Seventh Circuit ruled that school officials who expelled a student for six weeks for public indecency and possession of pornography, after he was photographed in shower following wrestling practice, did not violate his right to substantive due process.[56] The court wrote that even though officials exercised questionable judgment in excluding the student from school, they had not violated his substantive due process rights since he received a hearing and the punishment did not rise to the level of conscience shocking.

As to the common practice of verbal warnings, in an older case, an appellate court in Illinois reiterated the rule that teachers can verbally chastise students as long as disparaging remarks are not malicious or wanton.[57] The Third[58] and Eighth[59] Circuits echoed similar sentiments in affirming that teachers did not violate the rights of students where their actions did not rise to the level required to support claims that they violated the substantive due process rights of the children since their behavior was not shocking to the conscience.

Among the many cases dealing with punishments, courts refused to overturn such penalties as having a child clean a toilet with his bare hands,[60] being adjudicated delinquent for threatening teacher,[61] being named a ward of the court for bringing a knife to school,[62] being adjudicated delinquent for making a false fire alarm report at school,[63]

---

[54] Id. at 309.
[55] 458 U.S. 966, 970 rehearing denied, 458 U.S. 1132 (1982).
[56] Tun v. Whitticker, 398 F.3d 899 (7th Cir. 2005).
[57] Wexell v. Scott, 276 N.E.2d 735 (Ill. App. Ct. 1971).
[58] S.M. ex rel. L.G. v. Lakeland Sch. Dist., 33 Fed.Appx. 635 (3d Cir.2002).
[59] Costello v. Mitchell Pub. Sch. Dist. 79, 266 F.3d 916 (8th Cir.2001).
[60] Harris v. Robinson, 273 F.3d 927 (10th Cir.2001).
[61] In re J.H., 797 A.2d 260 (Pa.Super.Ct.2002).
[62] In re Randy G., 28 P.3d 239 (Cal.2001).
[63] In re C.R.K., 56 S.W.3d 288 (Tex.Ct.App.2001).

making obscene remarks to a teacher,[64] disrupting school,[65] being given a grade of zero for the first offense of plagiarism on an assignment,[66] being dismissed from a marching band for missing a performance,[67] being seated at an isolated desk due to disruptive behavior,[68] and being adjudicated delinquent for violating a statue against the possession of a weapon at school for bring a paintball guns and makers to school.[69] On the other hand, courts found that penalties such as conviction for disorderly conduct where a student threatened to shoot up a school since no one took him seriously and there were no weapons in his home,[70] adjudication as a juvenile delinquent for having a butter knife in a locker since it was incapable of being used as a deadly weapon,[71] and a conviction for assault for throwing a partially-eaten apple at a teacher[72] were impermissible.

Corporal Punishment

Under common law, teachers have the right to administer reasonable corporal punishment. In fact, absent growing statutory prohibitions against corporal punishment, school officials may employ corporal punishment even against parental wishes[73] as long as local board policies authorize its use.[74] If not contrary to state-level provisions, board policies general control.[75] The use of unreasonable corporal punishment or that violates board policy or state law can serve as cause for dismissing teachers.[76]

---

[64] In Interest of D.A.D., 481 S.E.2d 262 (Ga.Ct.App.1997).

[65] M.C. v. State, 695 So.2d 477 (Fla.Dist.Ct.App.1997).

[66] Zellman ex rel. M.Z. v. Independent Sch. Dist. No. 2758, 594 N.W.2d 216 (Minn.Ct. App. 1999).

[67] Mazevski v. Horseheads Cent. Sch. Dist., 950 F.Supp. 69 (W.D.N.Y.1997).

[68] Cole by Cole v. Greenfield–Central Community Schs., 657 F.Supp. 56 (S.D.Ind.1986).

[69] In re M.H.M., 864 A.2d 1251(Pa. Super. Ct. 2004).

[70] State v. McCooey, 802 A.2d 1216 (N.H.2002).

[71] In re Melanie H., 706 A.2d 621 (Md.Ct.App.1998)

[72] In re Gavin T., 77 Cal.Rptr.2d 701 (Cal.Ct.App.1998).

[73] Baker v. Own, supra note 9.

[74] Ware v. Estes, 328 F.Supp. 657 (N.D.Tex.1971), aff'd, 458 F.2d 1360 (5th Cir.1972), cert. denied, 409 U.S. 1027, 93 S.Ct. 463, 34 L.Ed.2d 321 (1972).

[75] McKinney v. Greene, 379 So.2d 69 (La.Ct.App.1979).

[76] See, e.g., Bott v. Board of Educ., Deposit Cent. Sch. Dist., 392 N.Y.S.2d.2d 274 (N.Y. 1977); Friedland v. Ambach, 522 N.Y.S.2d 696 (N.Y. App. Div. 1987); Tucker

In its only case on the merits of the issue, *Ingraham v. Wright*,[77] the Supreme Court held that corporal punishment was not per se unconstitutional. Decreeing that the Eighth Amendment's prohibition against cruel and unusual punishments was designed to protect those guilty of crimes and did not apply to paddling students in order to maintain discipline, the Court rejected an analogy between children and inmates. In observing that most states that addressed corporal punishment permitted its use, and that professional and public opinion have long been divided on the practice, the Court refused to strike it down as unconstitutional.

In fact specific cases, the Fourth,[78] Tenth,[79] and Eleventh[80] Circuits, as well as federal trial courts[81] agree that students can proceed with substantive due process claims where punishments are "... so brutal, demeaning, and harmful as literally to shock the conscience of a court."[82] Yet, on two occasions the Fifth disagreed, positing that state statutory and common law provisions offered better redress in the way of damages and possible criminal liability rather than vitiate the use of corporal punishment.[83] As reflected in the circuit court cases noted above, most litigation involving corporal punishment been decided in favor of teachers based on the presumption of correctness which complaining students and parents were unable to overcome.[84]

---

v. Board of Educ., Community Sch. Dist. No. 10, 604 N.Y.S.2d 506 (N.Y. 1993); Galbreath v. Board of Educ., 111 F.3d 123 (2d Cir.1997) cert. denied, 522 U.S. 1001 (1997).

[77] 430 U.S. 651 (1977).

[78] Hall v. Tawney, 621 F.2d 607 (4th Cir.1980).

[79] Garcia v. Miera, 817 F.2d 650 (10th Cir.1987), cert. denied, 485 U.S. 959 (1988).

[80] Neal v. Fulton County Bd. of Educ., 229 F.3d 1069 (11th Cir.2000), reh'g en banc denied, 244 F.3d 143 (11th Cir.2000).

[81] See, e.g., Nicol v. Auburn–Washburn USD 437, 231 F.Supp.2d 1107 (D.Kan.2002).

[82] Hall v. Tawney, 621 F.2d 607, 613 (4th Cir.1980).

[83] Cunningham v. Beavers, 858 F.2d 269 (5th Cir.1988), cert. denied, 489 U.S. 1067 (1989); Moore v. Willis Indep. Sch. Dist., 233 F.3d 871 (5th Cir.2000), reh'g en banc denied, 248 F.3d 1145 (5th Cir.2001).

[84] See also Fox v. Cleveland, 169 F.Supp.2d 977 (W.D.Ark.2001); Campbell v. Gahanna– Jefferson Bd. of Educ., 717 N.E.2d 347 (Ohio Ct.App.1998); Burnham v. Stevens, 734 So.2d 256 (Miss.Ct.App. 1999); Rinehart v. W. Local Sch. Dist. Bd. of Educ., 621 N.E.2d 1365 (Ohio Ct. App. 1993).

Suspension and Expulsion

It almost goes without saying that suspension and expulsion are the most serious penalties that school officials can impose on students. Allowing for variations in terminology from one jurisdiction to another, suspension generally refers to temporary exclusion for a specified period or until students and their parents satisfy a specific condition while expulsion indicates a permanent removal from school. As discussed in greater detail below, the elements of due process depend to a substantial extent on the length of the exclusion being considered.

Even though courts generally uphold the use of discipline in schools, cases often hinge on whether educators provided students with adequate procedural due process protections. While due process does not require school officials to afford students all of the safeguards present in criminal, or, for that matter, civil,[85] proceedings, essential elements depend on the circumstances and gravity of potential punishments. At the very least, when students are subject to the imposition of significant disciplinary penalties, they are entitled to notice and an opportunity to respond to a fair and impartial third party decision-maker.[86]

The Fifth Circuit provided perhaps the earliest set of guidelines as to the nature of the notice and hearing required prior to a long term exclusion in a case where a student was to be expelled from a public college for non-academic reasons.[87] According to the court, notice should contain a statement of the specific charges and grounds which, if proven, would justify an expulsion. The court added that since assessing misconduct depends on collecting facts that can be easily colored by witnesses, a decision maker must hear both sides in considerable detail.

---

[85] Colquitt v. Rich Township High Sch. Dist. No. 227, 699 N.E.2d 1109 (Ill.App.Ct.1998).

[86] See, e.g., In re Z.K., 695 N.W.2d 656 (Minn. Ct. App. 20055) (overturning the expulsion of middle school students who were expelled for shooting another juvenile with a BB gun because insofar as they were not specifically advised that state law afforded them the right to free or low-cost legal assistance, their waivers of their right to a hearing before the school board were not knowing and intelligent).

[87] Dixon v. Alabama State Bd. of Educ., 294 F.2d 150 (5th Cir.1961), cert. denied, 368 U.S. 930, 82 S.Ct. 368, 7 L.Ed.2d 193 (1961).

The same court subsequently applied these criteria to a 30–day suspension in a public school.[88] Conversely, the Seventh Circuit ruled that students are not entitled to the names of witnesses and information about their testimony[89] and the Second Circuit agreed that witnesses were not essential where credibility of evidence was not at issue.[90] However, the Ninth Circuit required production and cross-examination of witnesses.[91]

Shortly thereafter, in *Goss v. Lopez* (*Goss*),[92] the Supreme Court specified the minimum constitutional requirements in a case involving a suspensions of ten days or less. In a dispute from Ohio, students who did not receive a hearing challenged their ten day suspensions for allegedly disruptive conduct. Ruling in favor of the students, the Court wrote that due process requires that they be given "... oral or written notice of the charges against [them] and, if [they] denies them, an explanation of the evidence the authorities have and an opportunity to present [their] side of the story."[93] Even so, the Court reasoned that there is no need for a delay between school officials' giving students notice and the time of their hearings. The Court thus acknowledged that in most cases, disciplinarians may informally discuss the alleged misconduct with students minutes after it occurred.[94]

At the same time, the *Goss* Court explained that if students' presence constitute threats of disruption, they may be removed immediately with the due process requirements to be fulfilled as soon as practicable.[95] The Court expressly rejected requirements for allowing representation by counsel, for presenting witnesses, and for confronting and cross-

---

[88] Williams v. Dade County Sch. Bd., 441 F.2d 299 (5th Cir.1971).

[89] Linwood v. Board of Educ. of City of Peoria, Sch. Dist. No. 150, Illinois, 463 F.2d 763 (7th Cir.1972), cert. denied, 409 U.S. 1027 (1972).

[90] Winnick v. Manning, 460 F.2d 545 (2d Cir.1972).

[91] Black Coalition v. Portland Sch. Dist. No. 1, 484 F.2d 1040 (9th Cir.1973).

[92] 419 U.S. 565 (1975).

[93] Id. at 581.

[94] Smith on Behalf of Smith v. Severn, 129 F.3d 419 (7th Cir.1997).

[95] See, e.g., LaVine v. Blaine Sch. Dist., 257 F.3d 981 (9th Cir.2001), reconsideration en banc denied, 279 F.3d 719 (9th Cir.2002), cert. denied, 536 U.S. 959 (2002) (affirming that educators did not violate a high school student's First Amendment rights in expelling him on an emergency basis after he showed his teacher a poem he wrote which was filled with imagery of violent death, suicide, and the shooting of fellow students, even if it was protected speech).

examining adverse witnesses in short term exclusions from school.[96] In concluding, the Court emphasized that "[l]onger suspensions or expulsions for the remainder of the school term, or permanently, may require more formal procedures ... [and that] in unusual situations, although involving only a short suspension, something more than the rudimentary procedures will be required."[97]

Two years later, in upholding the constitutionality of corporal punishment in *Ingraham v. Wright*,[98] the Supreme Court addressed procedural due process. In pointing out that although corporal punishment implicates a constitutionally protected liberty interest, traditional common law remedies afford adequate due process. Refusing to impose a constitutional requirement of advance procedural safeguards, citing impracticability and cost as factors outweighing any incremental benefit, unlike *Goss*, the Court did not think that corporal punishment deprived students of property rights because their educations were not be interrupted and state courts could set procedural, and substantive, restrictions on such discipline.[99]

Shortly after *Goss*, federal trial courts began to apply its procedural requirements to student transfers for disciplinary reasons[100] and three day suspensions.[101] Both courts agreed that where the property interests of students were involved, they were of sufficient magnitude to qualify for the minimal constitutional due process protections. A more recent federal trial court in Texas reached the same outcome where a student was suspended for three days for taking allegedly compromising photographs of principal's car parked in front of female teacher's house.[102] However, in cases where students were involved in criminal misconduct, the Fifth[103]

---

[96] Previously, in In re Gault, 387 U.S. 1 (1967), the Court ruled that a fifteen-year-old who had been committed as juvenile delinquent to a state industrial school had the right to notice of charges, to counsel, to confrontation and cross-examination of witnesses, and to the privilege against self-incrimination.

[97] Goss, at 584.

[98] Ingraham v. Wright, 430 U.S. 651 (1977).

[99] Smith v. West Virginia State Bd. of Educ., 295 S.E.2d 680 (W.Va.1982).

[100] Everett v. Marcase, 426 F.Supp. 397 (E.D.Pa.1977).

[101] Hillman v. Elliott, 436 F.Supp. 812 (W.D.Va.1977).

[102] Riggan v. Midland Indep. School Dist., 86 F.Supp.2d 647 (W.D. Tex. 2000).

[103] Nevares v. San Marcos Consol. Indep. School Dist., 111 F.3d 25 (5th Cir. 1997).

and Eleventh[104] Circuits disagreed in maintaining that since they were transferred to alternative schools within their districts and did not suffer the losses of property interests, they were not entitled to hearings. On the other hand, the Sixth Circuit remanded a similar dispute where a student was transferred due to criminal misbehavior for consideration of whether his not being provided with a hearing violated his rights.[105]

The argument that more extensive process is required when disciplinary penalties indirectly leads to academic disadvantages is not necessarily persuasive. In such a case, an appellate court in Illinois refused to intervene that where a student's missing examinations due to a three-day suspension led to a grade reduction since its timing was not intended to make it a more onerous penalty.[106] The Seventh Circuit reached a similar result where the effect of a three-day suspension delayed a student's graduation.[107] In the first of three cases from Pennsylvania, an appellate court decided that a student whose suspension overlapped graduation by one day did not have a constitutionally protected property right to attend the ceremony since it was only symbolic and not an essential component of his education; he eventually received the diploma.[108] Further, where a student who completed all of the requirements for graduation was expelled on graduation day for selling drugs, the court ordered school officials to issue the diploma.[109] More recently, where a student was suspended for a variety of offenses but completed her course work, examinations, and all requirements necessary for graduation, an appellate court affirmed that she could not be denied her high school diploma.[110]

The judiciary does not expect students to receive full judicial proceedings. Yet, at the very least, students facing expulsions are entitled

---

[104] C.B. By and Through Breeding v. Driscoll, 82 F.3d 383 (11th Cir.1996), rehearing and suggestion for rehearing en banc denied, 99 F.3d 1157 (11th Cir.1996).

[105] Buchanan v. City of Bolivar, Tenn., 99 F.3d 1352 (6th Cir.1996).

[106] Donaldson v. Board of Educ., Danville Sch. Dist. No. 118, 424 N.E.2d 737 (Ill.App.Ct. 1981).

[107] Lamb v. Panhandle Community Unit Sch. Dist. No. 2, 826 F.2d 526 (7th Cir.1987).

[108] Mifflin County Sch. Dist. v. Stewart, 503 A.2d 1012 (Pa.Cmwlth. Ct.1986).

[109] Shuman v. Cumberland Valley Sch. Dist. Bd. of Directors, 536 A.2d 490 (Pa. Cmwlth. Ct. 1988).

[110] Ream v. Centennial Sch. Dist., 765 A.2d 1195 (Pa. Cmwlth. Ct.2001).

to notice indicating the time and place of some form of hearings.[111] Students should also be informed of the charges and the nature of the evidence against them[112] but not necessarily to pre-hearing notice of particular code or rule infractions where a student and his parents had repeated warnings that he faced expulsion for possession of marijuana,[113] and a judgment on the record[114] reached by a fair and impartial decision maker who acts based on the content of the record.[115] Courts declared that students are not entitled to have attorneys present as trial counsel,[116] to know the identity of[117] and/or to confront witnesses,[118] especially where there may be clear and serious danger to student witnesses.[119] As reflected by a case from the Sixth Circuit, the balance between any right of confrontation and danger to accusers is a fine one in some situations. The court concluded that generally the necessity of protecting student witnesses from reprisal and ostracism outweighs the value to the truth-determining process of allowing them to cross-examine their accusers.[120]

Other courts agreed that students do not have rights to hearing officers who are not school employees[121] or, as noted early to Miranda

---

[111] Hill v. Rankin County, Miss. Sch. Dist., 843 F.Supp. 1112 (S.D.Miss.1993); Bivins v. Albuquerque Pub. Schs., 899 F.Supp. 556 (D.N.M.1995); Donovan v. Ritchie, 68 F.3d 14 (1st Cir.1995); Hammock ex rel. Hammock v. Keys, 93 F.Supp.2d 1222 (S.D.Ala.2000).

[112] C.B. By and Through Breeding v. Driscoll, 82 F.3d 383 (11th Cir.1996).

[113] L.Q.A. By and Through Arrington v. Eberhart, 920 F.Supp. 1208 (M.D.Ala.1996), aff'd without reported opinion, 111 F.3d 897 (11th Cir.1997).

[114] Ruef v. Jordan, 605 N.Y.S.2d 530 (N.Y.App.Div.1993).

[115] Newsome v. Batavia Local Sch. Dist., 842 F.2d 920 (6th Cir.1988).

[116] See, e.g., Osteen v. Henley, 13 F.3d 221 (7th Cir.1993); Newsome v. Batavia Local Sch. Dist., 842 F.2d 920 (6th Cir.1988); Lake Central Sch. Corp. v. Scartozzi, 759 N.E.2d 1185 (Ind. Ct.App.2001).

[117] Brewer v. Austin Indep. Sch. Dist., 779 F.2d 260 (5th Cir.1985); Paredes by Koppenhoefer v. Curtus, 864 F.2d 426 (6th Cir.1988); Snyder on Behalf of Snyder v. Farnsworth, 896 F.Supp. 96 (N.D.N.Y.1995); Coplin v. Conejo Valley Unified Sch. Dist., 903 F.Supp. 1377 (C.D. Cal.1995), affirmed in unpublished opinion, 116 F.3d 483 (9th Cir.1997).

[118] Newsome v. Batavia Local Sch. Dist., 842 F.2d 920 (6th Cir.1988); Paredes by Koppenhoefer v. Curtus, 864 F.2d 426 (6th Cir.1988).

[119] Dillon v. Pulaski County Special Sch. Dist., 468 F.Supp. 54 (E.D.Ark.1978); John A. v. San Bernardino City Unified Sch. Dist., 654 P.2d 242 (Cal.1982).

[120] Newsome v. Batavia Local Sch. Dist., 842 F.2d 920 (6th Cir.1988).

[121] John A. v. San Bernardino City Unified Sch. Dist., 654 P.2d 242 (Cal.1982).

warnings when questioned by school officials. In a case that addressed various elements of due process, the Eighth Circuit affirmed that a middle school student in Arkansas failed to prove that school officials violated his procedural due process rights over his expulsion following an altercation with teacher and principal, where his mother was fully informed of the grounds for his expulsion and he received a hearing at which he was represented by counsel who had a full opportunity to examine and cross-examine witnesses.[122] The court acknowledged that even though educators violated board rules by not supplying the student's attorney with statements of two witnesses in advance of the hearing, this did not amount to a constitutional violation. On the other hand, some courts found that students do have a right to have an attorney present,[123] to a redacted version of disciplinary records,[124] to cross-examine witnesses,[125] and to an impartial, non-school, third party decision–maker.[126]

Free Speech and Expression

Aware of the dearth of directly applicable precedent relating to student art work, the common thread in cases involving expressive activity is speech, regardless of whether it is spoken or written. As evidenced by its watershed ruling in *Tinker v. Des Moines Independent Community School District*,[127] the Supreme Court was unwilling to impose restrictions on student free speech, especially when it was political. In *Tinker* the Court upheld the rights of students in Iowa to wear armbands as a form of passive, non-disruptive protest against American involvement in Viet Nam. In commenting that since school officials lack absolute power and that pupils do not "shed their constitutional rights to freedom of

---

[122] London v. Directors of DeWitt Pub. Sch., 194 F.3d 873 (8th Cir.1999).

[123] Givens v. Poe, 346 F.Supp. 202 (W.D.N.C.1972); Gonzales v. McEuen, 435 F.Supp. 460 (C.D.Cal.1977).

[124] Graham v. West Babylon Union Free Sch. Dist., 692 N.Y.S.2d 460 (N.Y.App.Div. 1999).

[125] Colquitt v. Rich Township High Sch. Dist. No. 227, 699 N.E.2d 1109 (Ill.App.Ct.1998).

[126] Gonzales v. McEuen, 435 F.Supp. 460 (C.D.Cal.1977).

[127] 393 U.S. 503 (1969).

speech or expression at the schoolhouse gate,"[128] the Court ruled that absent a reasonable "forecast [of] substantial disruption of or material interference with school activities,"[129] school officials could not infringe upon students' constitutional right to freedom of expression. Even though *Tinker* dealt with political speech, it has been applied in a variety of settings.

Almost two decades after *Tinker*, and tacitly acknowledging the different political, and social climate in American schools, the Court modified its views, at least at it relates to non-political speech, in the two more recent cases which involved student expression, the first spoken, the second written. *Bethel School District No. 403 v. Fraser*[130] examined a controversy where a high school student in Washington state was punished after he delivered a nominating speech at an assembly that violated the school's "disruptive conduct rule" by intentionally including the use of sexual innuendo.[131] In upholding a three day suspension and the student's being removed from the possible list of speakers at his graduation, the Court reasoned that school officials acted entirely within their permissible authority where a rule proscribing "obscene" language and the pre-speech admonition of teachers gave him adequate warning that his speech might have led to the sanctions that were, in fact, imposed. The Court concluded that the First Amendment did not prohibit school officials from punishing the student where his expressive activities undermined the school's basic educational mission.

Hazelwood School District v. Kuhlmeier,[132] reviewed a controversy over the rights of student-authors in Missouri who wrote articles about

---

[128] Id. at 506.

[129] Id. at 514.

[130] 478 U.S. 675 (1986).

[131] The student's speech, which created a disruption at the assembly, read:

I know a man who is firm—he's firm in his pants, he's firm in his shirt, his character is firm—but most ... of all, his belief in you, the students of Bethel, is firm. ... Jeff Kuhlman is a man who takes his point and pounds it in. If necessary, he'll take an issue and nail it to the wall. He doesn't attack things in spurts—he drives hard, pushing and pushing until finally—he succeeds ... Jeff is a man who will go to the very end—even the climax, for each and every one of you. So vote for Jeff for A.S.B. vice-president— he'll never come between you and the best our high school can be.

Id. at 687 (Brennan, J. concurring).

[132] 484 U.S. 260 (1988).

teenage pregnancy and the effects of divorce on students at their high school as part of a in-class, wholly school-sponsored newspaper, an activity for which they received academic credit. After a teacher and the school's principal reviewed the articles, the latter decided to remove them from the newspaper because it was being published too near to the end of the school year and there was insufficient time to make revisions. The principal was concerned not only about the inability to keep the identity of the pregnant students confidential but also that the parents who were discussed in the article on divorce should have been afforded the opportunity to respond to remarks about them or give their permission for them to be printed. Aware of the need to permit educators to exercise discretion in light of local community standards, the Court declared that "[w]e hold that educators do not offend the First Amendment by exercising editorial control over the style and content of student speech in school sponsored expressive activities so long as their actions are reasonably related to legitimate pedagogical concerns."[133]

Conclusion

The NCLB, which is actually an extension of the original Elementary and Secondary Education Act of 1965, is designed in part to require public schools to demonstrate greater accountability for academic achievement.[134] The key elements in the NCLB are to improve academic achievement among students who are economically disadvantaged; assist in preparing, training, and recruiting highly qualified teachers (and principals); provide improved language instruction for children of limited English proficiency; make school systems accountable for student achievement, particularly by imposing standards for annual yearly progress for students and districts; require school systems to rely on teaching methods that are research based and that have been proven effective; and afford parents better choices while creating innovative educational programs, especially if local school systems are unresponsive to their needs. The NCLB also permits parents to withdraw their children from failing public schools and to enroll them in others public schools of

---

[133] Id. at 273.
[134] Supra note 2.

their choice. While this last option has yet to become effective, it may well be the most effective means of quality control in public education.

Even though it may be years before the full impact of how the NCLB will influence the rights of students and their parents, one thing is certain: consistent with the American approach to dispute resolution, the trickle[135] of litigation over this lengthy law is soon to develop into a torrent of lawsuits.

---

[135] See, e.g., Fresh Start Academy v. Toledo Bd. of Educ., 363 F. Supp.2d 910 (N.D. Ohio 2005) (holding that the NCLB did not create a private right of action enforceable against school boards by potential providers of supplemental education services).

POSFÁCIO

António Pedro Barbas Homem

Reúnem-se no presente volume as comunicações apresentadas ao I Congresso de Direito da Educação que se realizou em Lisboa, na Faculdade de Direito da Universidade de Lisboa, em 14 e 15 de Outubro de 2005. É, assim, devida uma palavra de agradecimento e homenagem a cada um dos autores pelo muito que contribuem para um melhor conhecimento das questões jurídicas que a educação e o ensino suscitam. Como bem se realça nos textos, o debate e o esclarecimento dos direitos, deveres e responsabilidades das pessoas e das instituições nestas matérias educativas é igualmente uma questão de cidadania.

É igualmente devida uma palavra de agradecimento aos restantes conferencistas, cuja excelência é por todos reconhecida: Eduardo Marçal Grilo, Manuel Braga da Cruz, José Barata Moura, Manuel Porto, Jorge Miranda, Paulo Otero, Guilherme d'Oliveira Martins, Eduardo Vera-Cruz Pinto e João Atanásio, para além de Jan de Groof e Fernando Gurrea Casamayor.

A qualidade das comunicações fala por si – e se, infelizmente, não é possível reproduzir todas as comunicações nem os debates que proporcionaram – fica em qualquer caso esta publicação de interesse indiscutível quer para os teóricos quer para os práticos da educação: pais, professores, estudantes e funcionários.

Afinal de contas são eles o passado, o presente e o futuro da educação.

ÍNDICE

ACREDITAÇÃO
Adriano Moreira 7

**O PAPEL DO ENSINO PRIVADO
NA ACTUAL CONSTITUIÇÃO PORTUGUESA**
Vieira de Andrade 13

FONTES DO DIREITO DA EDUCAÇÃO NA UNIÃO EUROPEIA
António Pedro Barbas Homem 25

DIREITO DA EDUCAÇÃO E FUNÇÃO DOS JUÍZES
Mônica Sifuentes 41

**DIREITOS E DEVERES DOS ALUNOS
NAS ESCOLAS PÚBLICAS DE ENSINO NÃO SUPERIOR:
Existe um direito à qualidade de ensino?**
Carla Amado Gomes 45

**AUTONOMIA UNIVERSITÁRIA,
AVALIAÇÃO DAS UNIVERSIDADES
E "POLÍTICA UNIVERSITÁRIA" DO ESTADO**
Luís Pereira Coutinho 85

**O DIREITO FUNDAMENTAL DE ACESSO
AO ENSINO SUPERIOR: A "ESTATIZAÇÃO" DE VAGAS
NAS UNIVERSIDADES PARTICULARES**
Carlos Eduardo Behrmann Rátis Martins 97

**THE EDUCATIONAL RIGHTS OF PARENTS AND STUDENTS:
AN AMERICAN PERSPECTIVE**
Charles J. Russo, J.D., Ed.D. 131

POSFÁCIO 155